JN106580

ハマるおうち読書

Yondemy（ヨンデミー）代表
笹沼颯太

Discover

これからの時代を生きるきみへ

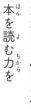

きみが歩く道の先には
うれしいこともあるだろう
つらいこともあるだろう

いつでもそばで喜びをわかちあい
困ったときにはすぐに
手をさしのべたいけれど
きっとそんなわけにもいかない
だからきみには伝えたい
本を読む力を

本はいつでも
きみの近くにいてくれる
どんなときにも
言葉をくれる
パワーをくれる
今を生きるきみの
味方でいてくれる

ページをめくれば
そこには
まだ見ぬ世界が
ひろがっている
文字の中へ
物語の中へと
とびこんでみよう

知らない言葉にぶつかって
戸惑うことや
ぎっしりと並ぶ文字を見て
途方に暮れることも
あるかもしれない
おもしろいと思えないことも
あるかもしれない

だけど約束しよう
ひとたび読書の魅力を知れば
きみは夢中になる
ページをめくるのが
楽しみになる
次の本を手にするのが
楽しみになる

読めば読むほど　本の世界はひろがっていく
きみが思っているよりずっと
世界はひろく　そして深くておもしろい

さぁ　扉をあけてみよう
ひろい世界できみは
出会うだろう　あらゆる考えをもった人々に
感じるだろう　喜びや豊かさ　悲しみや理不尽を
得るだろう　知識や知恵を　そして生きる力を

果てしなくひろがる
本の世界を
ぞんぶんに味わおう
本にはきみを
幸せにする力がある
本はいつでも
きみとの出会いを
待っている

はじめに

はじめまして。子どもが読書にハマるオンライン習い事「ヨンデミー」を立ち上げた、笹沼颯太と申します。

この本を手に取ってくださったあなたは、お子さんに読書をしてほしいと願っている保護者の方でしょうか。教育関係の方や図書館司書の方などもいらっしゃるかもしれませんね。

私たちに共通するのは「**読書によって、子どもにより幸せな人生を歩んでほしい**」**という願い**ではないかと思います。

●「読書の習い事」をつくったきっかけ

ヨンデミーの構想が生まれる少し前、私は小学生の子どもたちの家庭教師をしていました。

その先々で必ず保護者の方からたずねられたのが「先生はどうして本を読むようになったのですか？」ということでした。

子どもに本を読んでほしいけれど、どうすればいいのかわからない――。思いのほか多くのご家庭に、そんなお悩みがあるのだということを知りました。

そこで思い立った私は、読書の家庭教師をやってみることにしたのです。

具体的には、「本を読まない」という子ども4人に対してそれぞれ週1回、計4回ほどのレッスンを行いました。彼らはもともと読書に対する苦手意識が強く、中にはその苦手を克服するために国語専門の塾に通っている子どももいました。

そんな彼らに対して私が行ったのは、読書の魅力を感じられるよう丁寧にサポートをすること。適切な本選びができるように寄り添ったり、本のおもしろさを伝えたりすることでした。

そうすることで「読書のハマり方」を余すことなく伝えていったのです。

すると、彼らにはみるみる変化があらわれました。

そして最終的に、なんと全員が自ら読書を楽しむようになったのです。

この経験を通して、私は確信しました。

子どもが本を読むようになるためには、読書のハマり方を教えてくれる先生が必要なのだということを。

こうした読書のハマり方を、日本中の子どもたちに届けたい。

そう考えた私は2020年4月、東京大学在学中に仲間とともに株式会社Yondemy（ヨンデミー）を立ち上げ、子どもが読書にハマるオンライン習い事「**ヨンデミー**」をスタートさせました。

●ヨンデミーのメソッドをこの1冊で

ヨンデミーを提供する中で私は、読書に馴染みがなかった子どもが本に親しむようになり、日々を豊かに楽しむ姿を見てきました。

そして改めて実感するようになったのが「**たのしく習えば、読書はハマる**」ということでした。

2024年4月現在、累計会員数1万人を超えるヨンデミーには、子どもが読書にハマる仕掛けが満載です。

本書には、そうした仕掛けの数々を丁寧に落とし込みました。

まず、1・2章では、読書が子どもや家庭にもたらすメリットや、読書習慣を身につけるのが難しい理由、さらには読書をするようになった子どもがどのように変化していくのかをまとめています。

そして3〜5章では、子どもを読書家にするための具体的なノウハウをご紹介しています。3章は「ささる本選び」、4章は「ハマるきっかけづくり」、そして5章では「習慣化できる環境づくり」をまとめましたので、必要と思われる章から読んで実践していただけますと幸いです。

ヨンデミーでは、AI「ヨンデミー先生」が子どもたちの先生です。しかし**この本を読んだ後にはきっと、あなたが読書の先生になれる**はずです。

●読書にハマった先に

読書が子どもの生活になじむようになると、家庭の空気や子どもとの関係にも変化があらわれます。

動画の視聴が減り、その代わりに本を話題とした楽しい会話が飛び交うようになったご家庭や、子どもが読書にハマりすぎて、それを見守る**保護者から「また読書ばっかりして！」なんて小言が飛び出した**ご家庭までありました。

このようにして子どものときに読書習慣を身につけられると、どうなるでしょうか。

その子どもは大人になってからも、必要なときに必要な本を選び、必要なだけ読めるようになります。

そして**読書を、人生の武器として使いこなせる**ようになるのです。

ちなみに、私自身が読書にハマったのは小学校2、3年生のときでした。

お気に入りの1冊に出会ったことで火がつき、寝る間も惜しんで読書に熱中したり、友達と競うようにしてたくさんの本を読んだりするようになりました。私の傍らにはいつでも本の存在がありました。

そんな読書経験があるからこそ私には、読解力や想像力、思考力などが培われ、より広い世界へと足を踏み出すことができたという実感があります。

東京大学の現役合格をスムーズに実現できたのも、仲間とともに学生起業してヨンデミーを立ち上げられたのも、そして現在、経営者として充実した日々を送れていることも、すべてが読書のおかげだと思っています。

私を含めたヨンデミーのメンバーはみな、子どもの頃から何よりも読書が大好きです。

「読書がなければ今の自分はいない」

全員が心からそう思っています。

私たち自身が本に支えられ、力を与えられて過ごしてきた経験が、現在の活動の糧になっているのです。

このように、**読書を好きになった子どもの世界は大きく広がっていきます。大人の想像をはるかに超えて、一生広がり続けていくのです。**

子どもが読書にハマり、世界を切りひらく力を身につけるうえで、本書が少しでも役立てばこれにまさる喜びはありません。

さぁ、あなたも、子どもと一緒に読書にハマりましょう！

笹沼颯太

ヨンデミーレベル別 100冊ブックリスト

No	YL	タイトル	作者	出版社	キーワード
ヨンデミーレベル（YL）10〜					
1	12	たぬきのひみつ	加藤休ミ	文溪堂	ファンタジー 不思議 食べ物
2	12	どじにんじゃ	新井洋行	講談社	おっちょこちょい ほっこり 笑える
3	12	むれ	ひろたあきら	KADOKAWA	反復 多様性 楽しい
4	13	ちいさなたまねぎさん	せなけいこ	金の星社	たたかい 勇気 食べ物
5	13	ウィルと ふゆの おきゃくさん	リンダ・アシュマン（文） チャック・グルニンク（絵） ふしみみさを（訳）	光村教育図書	ほっこり 優しい 動物
6	14	パンダ銭湯	tupera tupera	絵本館	動物 楽しい 笑える
7	14	こんとあき	林明子	福音館書店	冒険モノ 友達 愛
8	15	バムとケロの にちようび	島田ゆか	文溪堂	動物 友達 平穏な日常モノ
9	15	おまえ うまそうだな	宮西達也	ポプラ社	恐竜 愛 父
10	15	もりいちばんの おともだち	ふくざわゆみこ	福音館書店	ほっこり 友達 食べ物
11	16	おでん	中川ひろたか（作）	佼成出版社	くだらない

100冊からの選び方

お気に入りの1冊が見つかるブックリストを作成しました（18〜23ページ）。

ブックリストはYL（ヨンデミーレベル）別になっており、幅広いジャンルから選書しています。レベルとジャンルから、子どもに合った1冊を探せるはずです。

100冊のその先へ

好きな本が見つかったら、作者やシリーズ、キーワードが同じものを読むなどして、どんどん派生させていきましょう。

ヨンデミーレベルとは

ヨンデミー独自の分析による、本の難しさの指標「YL（ヨンデミーレベル）」。YLが高いほど、その本が難しいことを示しています。詳しくは89ページもご参照ください。

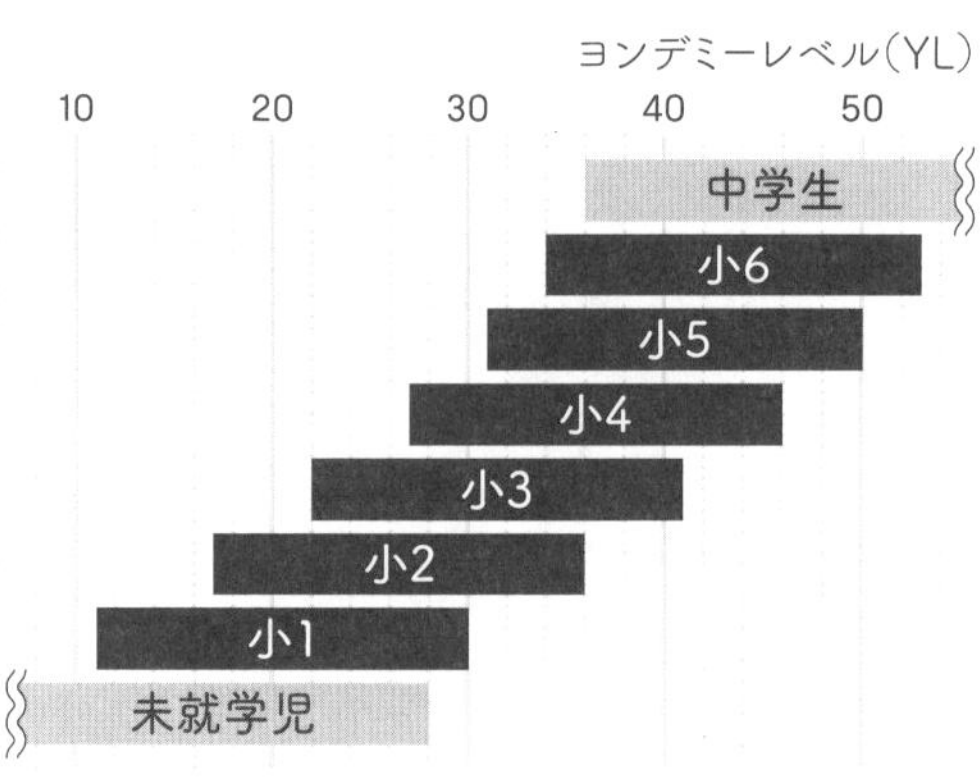

難しさの分析

本の文章をデータ化し、ヨンデミー独自のプログラムで解析してYLを算出しています。さらに、本の長さを示す文字数も加えて本の難しさが決まります。

内容の分析

ヨンデミーでは本の内容についても独自の分析に基づくデータを作成。２００以上の項目で分析しています。18ページからのブックリストでは「冒険モノ」「ほっこり」「友達」などのキーワードを掲載しています。

No	YL	タイトル	作者	出版社	キーワード
ヨンデミーレベル（YL）10～					
1	12	たぬきのひみつ	加藤休ミ	文溪堂	ファンタジー 不思議 食べ物
2	12	どじにんじゃ	新井洋行	講談社	おっちょこちょい ほっこり 笑える
3	12	むれ	ひろたあきら	KADOKAWA	反復 多様性 楽しい
4	13	ちいさなたまねぎさん	せなけいこ	金の星社	たたかい 勇気 食べ物
5	13	ウィルと ふゆの おきゃくさん	リンダ・アシュマン（文） チャック・グルニンク（絵） ふしみみさを（訳）	光村教育図書	ほっこり 優しい 動物
6	14	パンダ銭湯	tupera tupera	絵本館	動物 楽しい 笑える
7	14	こんとあき	林明子	福音館書店	冒険モノ 友達 愛
8	15	バムとケロの にちようび	島田ゆか	文溪堂	動物 友達 平穏な日常モノ
9	15	おまえ うまそうだな	宮西達也	ポプラ社	恐竜 愛 父
10	15	もりいちばんの おともだち	ふくざわゆみこ	福音館書店	ほっこり 友達 食べ物
11	16	おでん おんせんにいく	中川ひろたか（作） 長谷川義史（絵）	佼成出版社	くだらない モノ世界 食べ物
12	16	ビリーと いじわるフレッド	ベス・ブラッケン（文） ジェニファー・A・ベル（絵） こうのまりこ（訳）	辰巳出版	ポジティブ 優しい 友達
13	17	ひみつのカレーライス	井上荒野（作） 田中清代（絵）	アリス館	植物 笑える 食べ物
14	17	そらまめくんのベッド	なかやみわ	福音館書店	友達 思いやり 植物
15	17	ほしじいたけ ほしばあたけ	石川基子	講談社	ファンタジー 大胆 植物
16	18	あたりかも	きたじまごうき	PHP研究所	ファンタジー 冒険モノ 食べ物
17	18	もぐらバス	佐藤雅彦／うちのますみ	偕成社	乗り物 動物 楽しい
18	18	わすれもの	豊福まきこ	BL出版	モノ・無生物 友達 愛
19	19	くれよんのくろくん	なかやみわ	童心社	モノ・無生物 絵 自己肯定
20	19	おばけのバケロン	もとしたいづみ（作） つじむらあゆこ（絵）	ポプラ社	ファンタジー 人外 友達

No	YL	タイトル	作者	出版社	キーワード
ヨンデミーレベル（YL）20〜					
21	20	かばんうりのガラゴ	島田ゆか	文溪堂	お店モノ 動物 反復
22	20	平野レミの サラダブック	平野レミ（文） 和田唱／和田率（絵）	福音館書店	ものづくり 知恵 食べ物
23	20	100円たんけん	中川ひろたか（文） 岡本よしろう（絵）	くもん出版	平穏な日常モノ 社会 興味深い
24	21	11ぴきのねこ	馬場のぼる	こぐま社	冒険モノ 動物 協力
25	21	おはなし だいどころ	さいとうしのぶ	PHP研究所	モノ・無生物 日用品 食べ物
26	22	ちゃんとたべなさい	ケス・グレイ（作） ニック・シャラット（絵） よしがみきょうた（訳）	小峰書店	平穏な日常モノ 母 甘えんぼう
27	22	どろんこハリー	ジーン・ジオン（作） マーガレット・ブロイ・グレアム（絵） わたなべしげお（訳）	福音館書店	ハッピーエンド 動物 身近な幸福
28	23	すきなこと にがてなこと	新井洋行（作） 嶽まいこ（絵）	くもん出版	友達 多様性 教訓モノ
29	23	わたし 小学生まじょ	中島和子（作） 秋里信子（絵）	金の星社	ハッピーエンド 友達 魔法
30	24	3びきの かわいいオオカミ	ユージーン・トリビザス（文） ヘレン・オクセンバリー（絵） こだまともこ（訳）	冨山房	ものづくり 動物 友達
31	24	おとのさまの じてんしゃ	中川ひろたか（作） 田中六大（絵）	佼成出版社	乗り物 挑戦 笑える
32	24	赤いポストと はいしゃさん	薫くみこ（作） 黒井健（絵）	ポプラ社	ほっこり 優しい 愛
33	25	としょかんライオン	ミシェル・ヌードセン（作） ケビン・ホークス（絵） 福本友美子（訳）	岩崎書店	ルール 動物 本
34	25	ぞうの金メダル	斉藤洋（作） 高畠那生（絵）	偕成社	動物 競技 笑える
35	25	天使のかいかた	なかがわちひろ	理論社	ほっこり 人外 可愛い
36	26	スパゲッティが たべたいよう	角野栄子（作） 佐々木洋子（絵）	ポプラ社	不思議 怪異 食べ物
37	26	ようこそ なぞなぞ しょうがっこうへ	北ふうこ（作） 川端理絵（絵）	文研出版	ワクワク 学校モノ 謎

No	YL	タイトル	作者	出版社	キーワード
38	26	もりのかくれんぼう	末吉暁子(作) 林明子(絵)	偕成社	ファンタジー 動物 探す絵本
39	27	番ねずみの ヤカちゃん	リチャード・ウィルバー(作) 大社玲子(絵) 松岡享子(訳)	福音館書店	ハラハラ 動物 変わりもの
40	27	これがおばけやさん のしごとです	おかべりか	偕成社	お店モノ 不思議 怪異
41	28	ウエズレーの国	ポール・フライシュマン(作) ケビン・ホークス(絵) 千葉茂樹(訳)	あすなろ書房	多様性 天才 興味深い
42	28	からすのパンやさん	かこさとし	偕成社	お店モノ ハッピーエンド 食べ物
43	28	ミルキー杉山のあなたも名探偵(1) もしかしたら名探偵	杉山亮(作) 中川大輔(絵)	偕成社	探偵 推理モノ 謎
44	29	どこからきたの? おべんとう	鈴木まもる	金の星社	ものづくり 感謝 食べ物
45	29	ゆきだるまの るんとぷん	たかどのほうこ	偕成社	ファンタジー モノ・無生物 友達
ヨンデミーレベル(YL)30〜					
46	30	ウォーリーと 16人のギャング	リチャード・ケネディ(文) マーク・シーモント(絵) 小宮由(訳)	大日本図書	たたかい ドキドキ 賢い
47	31	アレハンドロの 大旅行	きたむらえり	福音館書店	冒険モノ 成長 言語表現・文学・文章
48	31	ふしぎ町の ふしぎレストラン(1) 3つのメニューの ひみつ	三田村信行(作) あさくらまや(絵)	あかね書房	教訓モノ 食べ物 魔法
49	32	おかしなゆき ふしぎなこおり	片平孝	ポプラ社	写真 理科 興味深い
50	32	もったいないばあさん	真珠まりこ	講談社	教訓モノ 知恵 祖父母
51	33	はれときどきぶた	矢玉四郎	岩崎書店	不思議 笑える 言語表現・文学・文章
52	33	エルマーのぼうけん	ルース・スタイルス・ガネット(作) ルース・クリスマン・ガネット(絵) わたなべしげお(訳)	福音館書店	たたかい 冒険モノ 動物

No	YL	タイトル	作者	出版社	キーワード
53	33	みずをくむプリンセス	スーザン・ヴァーデ（文） ピーター・H・レイノルズ（絵） さくまゆみこ（訳）	さ・え・ら書房	ノンフィクション物語　世界　社会問題
54	34	一ねんせいダヌキ	那須正幹（作） 渡辺有一（絵）	新日本出版社	ほっこり　動物　学校モノ
55	34	オオサンショウウオの夏	阿部夏丸（作） かみやしん（絵）	佼成出版社	動物　協力　友達
56	35	タンタンタンゴは パパふたり	ジャスティン・リチャードソン／ピーター・パーネル（文） ヘンリー・コール（絵） 尾辻かな子／前田和男（訳）	ポット出版	ジェンダー・セクシュアリティ　動物　愛
57	35	かぼちゃスープ	ヘレン・クーパー（作） せなあいこ（訳）	アスラン書房	協力　愛　食べ物
58	35	ゆかいな床井くん	戸森しるこ	講談社	友達　学校モノ　短編集・一章完結型
59	36	ウェン王子とトラ	チェン・ジャンホン（作・絵） 平岡敦（訳）	徳間書店	動物　愛　母
60	36	ホテル やまのなか小学校	小松原宏子（作） 亀岡亜希子（絵）	PHP研究所	お店モノ　ほっこり　学校モノ
61	37	雨ふる本屋	日向理恵子（作） 吉田尚令（絵）	童心社	ファンタジー　冒険モノ　魔法
62	37	魔女の宅急便	角野栄子（作） 林明子（画）	福音館書店	ファンタジー　成長　魔法
63	38	小さな バイキング　ビッケ	ルーネル・ヨンソン（作） エーヴェット・カールソン（絵） 石渡利康（訳）	評論社	たたかい　冒険モノ　知恵
64	39	つるばら村シリーズ（1） つるばら村の パン屋さん	茂市久美子（作） 中村悦子（絵）	講談社	お店モノ　動物　食べ物
65	39	講談社青い鳥文庫 しっぽをなくした イルカ	岩貞るみこ（作） 加藤文雄（写真）	講談社	しみじみ　目標・夢
ヨンデミーレベル（YL）40～					
66	40	おばけ道、 ただいま工事中!?	草野あきこ（作） 平澤朋子（絵）	岩崎書店	ファンタジー　命　愛

No	YL	タイトル	作者	出版社	キーワード
67	40	三年一組、春野先生！三週間だけのミラクルティーチャー	くすのきしげのり（作）下平けーすけ（絵）	講談社	しみじみ 学校モノ 成長
68	40	フレディ 世界でいちばんかしこいハムスター	ディートロフ・ライヒェ（作）しまだ・しほ（絵）佐々木田鶴子（訳）	旺文社	冒険モノ 動物 賢い
69	41	ココロ屋	梨屋アリエ（作）菅野由貴子（絵）	文研出版	悩み 成長 自己肯定
70	41	青く塗りつぶせ	阿部夏丸（作）酒井以（絵）	ポプラ社	お店モノ 成長 挑戦
71	42	チョコレート工場の秘密	ロアルド・ダール（作）クェンティン・ブレイク（絵）柳瀬尚紀（訳）	評論社	冒険モノ 欲望 食べ物
72	42	白いイルカの浜辺	ジル・ルイス（作）さくまゆみこ（訳）	評論社	動物愛護 愛 自然保護
73	42	ケンスケの王国	マイケル・モーパーゴ（作）マイケル・フォアマン（絵）佐藤見果夢（訳）	評論社	冒険モノ 孤独 愛
74	43	白狐魔記 源平の風	斉藤洋（作）高畠純（画）	偕成社	冒険モノ 動物 変身
75	43	都会のトム＆ソーヤ（1）	はやみねかおる（著）にしけいこ（画）	講談社	協力 友達 謎
76	44	ズッコケ三人組（1）それいけズッコケ三人組	那須正幹（作）前川かずお（絵）	ポプラ社	協力 友達 挑戦
77	44	タマゾン川 多摩川でいのちを考える	山崎充哲	旬報社	動物愛護 社会問題 自然保護
78	45	ぼくとニケ	片川優子	講談社	動物 友達 命
79	45	岩波少年文庫 くろて団は名探偵	ハンス・ユルゲン・プレス（作）大社玲子（訳）	岩波書店	友達 探偵 推理モノ
80	46	一〇五度	佐藤まどか	あすなろ書房	ものづくり 挑戦 日用品
81	46	バッテリー	あさのあつこ（作）佐藤真紀子（絵）	教育画劇	友達 家族 成長
82	47	雪のなまえ	村山由佳	徳間書店	多様性 悩み 成長
83	48	サンドイッチクラブ	長江優子	岩波書店	ものづくり 友達 成長

No	YL	タイトル	作者	出版社	キーワード
84	48	おはなしSDGs 貧困をなくそう みんなはアイスをなめている	安田夏菜（作） 黒須高嶺（絵）	講談社	教訓モノ 貧困 食べ物
85	49	紙コップのオリオン	市川朔久子	講談社	協力 学校モノ 家族
ヨンデミーレベル（YL）50〜					
86	50	妖怪コンビニで、バイトはじめました。	令丈ヒロ子	あすなろ書房	ファンタジー 人外 自己肯定
87	50	ハジメテヒラク	こまつあやこ	講談社	学校モノ 芸術 言語表現・文学・文章
88	50	ギヴァー 記憶を注ぐ者	ロイス・ローリー（著） 島津やよい（訳）	新評論	SF 愛 成長
89	51	星新一 ショートショートセレクション（1） ねらわれた星	星新一（作） 和田誠（絵）	理論社	SF オチが明確 短編集・一章完結型
90	51	神去なあなあ日常	三浦しをん	徳間書店	師弟 成長 自然
91	51	ぼくがスカートをはく日	エイミ・ポロンスキー（著） 西田佳子（訳）	Gakken	ジェンダー・セクシュアリティ 多様性 悩み
92	52	ヨンケイ!!	天沢夏月	ポプラ社	信頼 学校モノ 競技
93	52	ぼくはイエローでホワイトで、ちょっとブルー	ブレイディみかこ	新潮社	ノンフィクション物語 世界 平等
94	53	世界を救うパンの缶詰	菅聖子（文） やましたこうへい（絵）	ほるぷ出版	ものづくり 努力 災害
95	54	星空ロック	那須田淳	あすなろ書房	愛 成長 音楽
96	54	ぼくらの七日間戦争	宗田理	ポプラ社	たたかい ドキドキ 目標・夢
97	54	RDG レッドデータガール はじめてのお使い	荻原規子	KADOKAWA	ファンタジー 内向的 勇気
98	55	トマス・ジェファソン 本を愛し、集めた人	バーブ・ローゼンストック（文） ジョン・オブライエン（絵） 渋谷弘子（訳）	さ・え・ら書房	ノンフィクション物語 本 歴史
99	55	風味さんじゅうまる	まはら三桃	講談社	お店モノ 家族 食べ物
100	56	精霊の守り人	上橋菜穂子	新潮社	ファンタジー 冒険モノ 精霊・妖精

Contents

1章 子どもの人生に読書というパートナーを

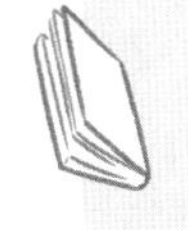

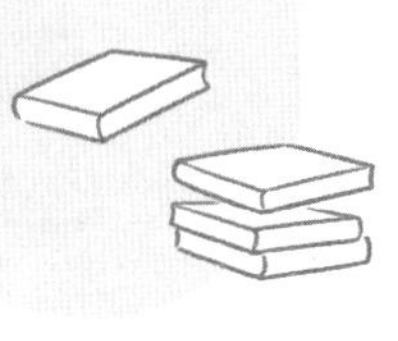

2章 どんな子だって読書家になれる

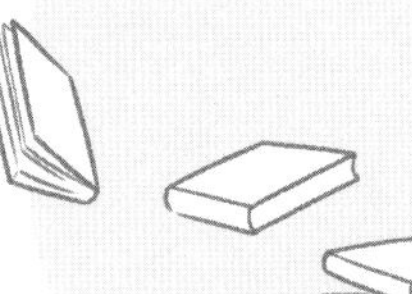

3章 子どもが夢中で読みはじめる ささる本の選び方

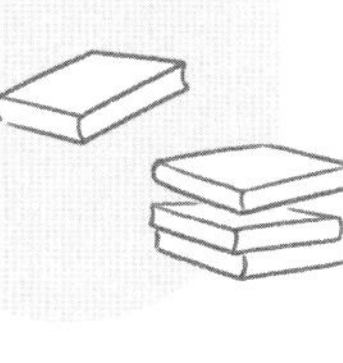

4章　「読みたい！」を引き出すハマるきっかけのつくり方

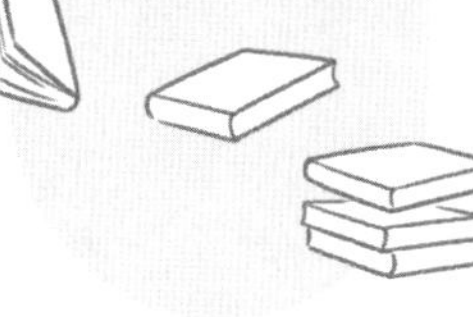

5章 ずっと「読書家」でいるために習慣化できる環境のつくり方

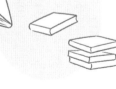

購入者限定ダウンロード特典

109ページでご紹介している、
ひとことメモが残せる「読書記録シート」をお届けします。
下の二次元コードからダウンロードしてください。

特典ページURL　https://d21.co.jp/special/yondemy/

ユーザー名　discover3021
パスワード　yondemy

1 章

子どもの人生に
読書という
パートナーを

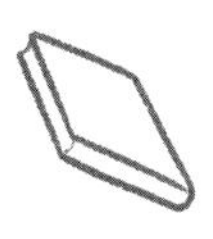

読書ができれば、他のことはなんとかなる

子どもが成長し、あなたのもとを離れて生きるようになるまで、あと何年あるでしょうか。

人によっては数年という場合も、10年以上という場合もあるかもしれませんね。

子どもたちが自分の力で生きていくようになるその頃、一体どんな時代になっているのかは誰にもわかりません。

この数年を見てみても、新型コロナウイルスの影響で働き方や暮らし方が変わったり、ＡＩなどの技術がめざましく進化したりと大きな変化がありました。こうした変化の勢いは、今後ますます加速していくはずです。

予測不能なこの状況で何を選び、どんな力が身につくように子どもを育てていけば

いいのか。

限られた時間の中でできる、子どもにとって最善の選択は何なのか。

それは、いつまでも答えが出ないとても難しい問題です。

4教科の勉強はもちろん、英語やプログラミング、スポーツ、ピアノなど、世の中には子どもに学んでほしいことがあふれています。

塾に通うべきなのか、習い事を増やすべきなのか。教育の選択肢は多様化し無数に増え続けていますから、迷う保護者は多いことでしょう。

子どもには一人ひとり個性もありますから、同じ選択をして同じように努力をしたところで全く違う結果になることもあります。正解なんてないのです。

そんな中でひとつだけ、私が言えることがあります。それは「読書ができれば大丈夫」ということ。

「選択肢が多すぎて、我が子に何を学ばせればいいのかわからない」と悩んでいる保護者の方がいらっしゃれば、私は迷わず「読書」をおすすめします。

その理由は「**読書ができれば、他のことはなんとかなる**」という場合が多いから。

なぜなら、なんでも本に書いてあるからです。

英語だってプログラミングだって、そして大人になってからはビジネスのことだって、本を読めば学ぶことができます。

詳しくは51ページからお伝えしますが、読書をすることによって身につくさまざまな力が、心強い支えになってくれます。


これからどんな時代がやってきて、どんな力が必要とされたとしても、そして、どんな悩みを抱えたとしても、本が読めるなら大丈夫。

本の存在は、どんなときにも子どもに力を与え、未来を切りひらくための武器になってくれるのです。

読書教育は、子どもも家庭も幸せにしてくれる

偏差値至上主義の教育では、やりたくない勉強を無理やりやらせたり、つらそうにする子どもを頑張らせる声かけをしたり……そんな子育ては苦しくありませんか。

読書教育は、偏差値至上主義の世界ではかなえることができなかった「子どもと保護者の双方が幸せになれる教育」です。

子どもは楽しく本を読んでいるだけ。
保護者はその様子を焦らず安心して見守っているだけ。
それだけで、子どもが持つたくさんの力が伸びていくのです。
読書は子どもに点数をつけて比較したり、競争させたりすることがありません。

また、時間的・経済的な負担の少なさも読書の大きな魅力です。

自宅で短時間取り組むだけでも効果がありますから、多忙な毎日の中でも無理なく実践することができます。

そのうえ、本の購入費は塾や習い事の月謝と比べると低く抑えられることが多く、図書館などを活用すればさらに負担を減らすこともできます。

「そうは言っても、子どもが本ではなくYouTubeを選んでしまう」

そんな声も聞こえてきそうですが、**一人ひとりの子どもの状況に合わせて読書教育を行うと、子どもの「好き」「知りたい」という気持ちを効果的に掘り起こすことができます。**

すると「読みたい」「また読みたい」「もっと読みたい」という連鎖が心の中に生まれ、やがて子どもには「今、本を読みたい」という気持ちが芽生えるようになっていきます。

そうするうちにいつの間にか、YouTubeに負けないほどに本が、子どもの心をとらえる存在になっていくのです。

本さえ読めれば、他のことはなんとかなる。

そのことを知っている保護者は、子どもが読書を楽しんでいれば、ただそれだけで安心することができるでしょう。子どもが「やりたい」と感じて自発的に取り組んでいる読書を、心から応援して見守れるようになるでしょう。

子どもも保護者も双方が幸せになれる教育が、こうしてかなえられるのです。

だからこそ、まずは読書教育をはじめてみませんか。

「読書のハマり方」がわかれば、子どもは勝手に読みはじめる

読書教育をはじめてみたい。

そう思ったところで、「読書を習う・教える」という考え方にピンとこない方も多いのではないでしょうか。

なぜなら、読書のハマり方をプロに教わったことがない人がほとんどだから。

周囲の大人を見渡してみると、本格的なハマり方を教わらなくてもそれなりに本を読めるようになった人ばかりですし、中にはすっかり読書家になった人もいます。

そんな状況ゆえに保護者は、そもそも**「読書は教えるもの」という発想になりにくい**のです。

もちろん、子どもが自然と読書家になることもあるでしょう。

しかし、ほとんどの場合はうまくいきません。読書のハマり方を適切に教えられていないからです。

本書では、そんな状況を打破するべく読書のハマり方を正しくお伝えします。その通りに教えれば、子どもはきっと読書を楽しむようになり、本の魅力にハマるはずです。

アメリカでは、**「リーディング・ワークショップ」**という授業があります。これは、国語の授業の一環として子どもに自由な読書を重ねてもらうことで、子どもを「自立した読み手」に育てる授業です。

有名なのは、ナンシー・アトウェル氏によるもの。彼女は幼児から8年生（中学2年生に相当）までの子どもたちに、試行錯誤を重ねながら「読むこと・書くこと」を教えてきた伝説の教師です。

彼女は40年以上にわたってリーディング・ワークショップを実践。2015年には、教育界のノーベル賞といわれるグローバル・ティーチャー賞も受賞しています。

幸運なことに私は、中学・高校時代に本質的な読書教育を受ける機会に恵まれました。ナンシー・アトウェル氏のリーディング・ワークショップを実践していた澤田英輔氏（通称・あすこま先生）の授業を受けることができたのです。

しかし、日本の学校でこのような読書教育を受けられる機会はまだまだ少なく、それゆえに子どもたちのもとに上質な読書教育が届いていない現実があります。

だからこそ私たちは、先生がいなくても子どもたちが読書を身につけられるようにしたいと願い、ヨンデミーのサービスをつくり上げました。

ヨンデミーは、リーディング・ワークショップの学習モデルを参考にして生み出したオンラインでの読書教育です。

人生を変えるほどの力を持つ読書教育を、ご家庭で無理なく実践できるように工夫したものなのです。

本よりもラクなYouTubeに流される子どもたち

子どもが読書にハマるうえで大きな障壁となるもの。それが、YouTubeをはじめとする動画コンテンツです。

言うまでもなく子どもは、YouTubeが大好きです。

主体的にページをめくり文字を追わなければならない読書と比べて、YouTubeは受動的に楽しむことができます。負荷が低く、どんなときでもラクに楽しめますから、子どもが見続けてしまうのも無理はありません。

もしも今YouTubeが存在しなければ、子どもはもっと本に手を伸ばし、読書を好きになっていたのかもしれません。

しかし残念ながら、**ラクに楽しめる動画コンテンツがあふれる現代は、子どもが勝**

手に本を好きになる時代ではないのです。

ベネッセ教育総合研究所が2018年に行った調査によると、幼児期のご家庭での読み聞かせ実施率は94・7％。ほとんどのご家庭において、子どもが本に親しめるように努力をしていることがわかります。

一方で、小学生のインターネット利用時間は1日あたり平均213・7分（2022年に行われた内閣府の調査「青少年のインターネット利用環境実態調査」による）。2014年の調査では83・3分でしたから、**10年も経たずに3倍近くに伸びている**ことがわかります。

小学生にとって平日に自由に使える時間は、学校から帰宅する15〜16時頃から就寝する21〜22時頃とすると6時間くらい。そこから宿題・ご飯・お風呂などにも時間を使ったうえで、動画視聴が213分（約3・5時間）を占めるというのは、驚くべき状況ではないでしょうか。

つまり**子どもは、インターネット（YouTube視聴など）に時間を使うことを積極的に選んでいる**のです。

幼児時の家庭での読み聞かせの頻度

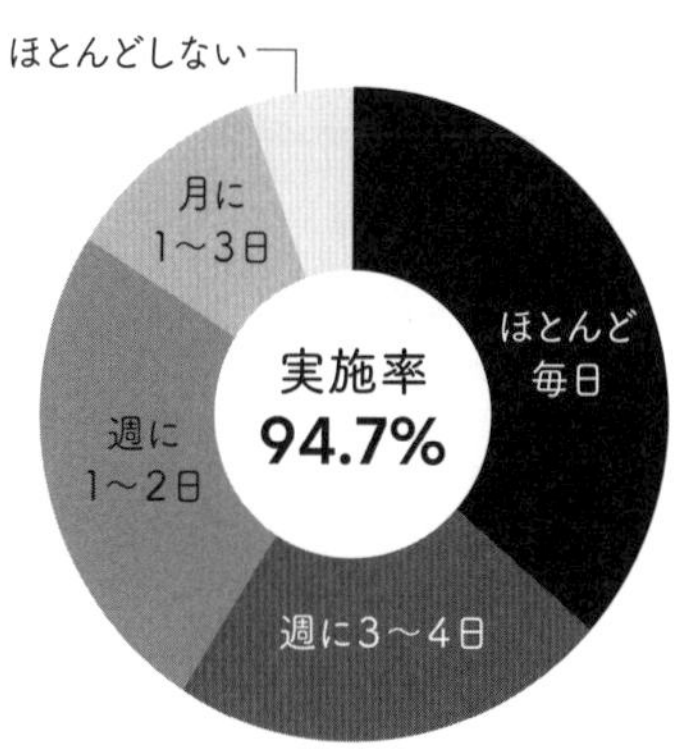

※ベネッセ教育総合研究所「幼児期の家庭教育」(2018年)

読み聞かせ実施率は94・7%
しかし……

小学生の1日あたりの平均インターネット利用時間

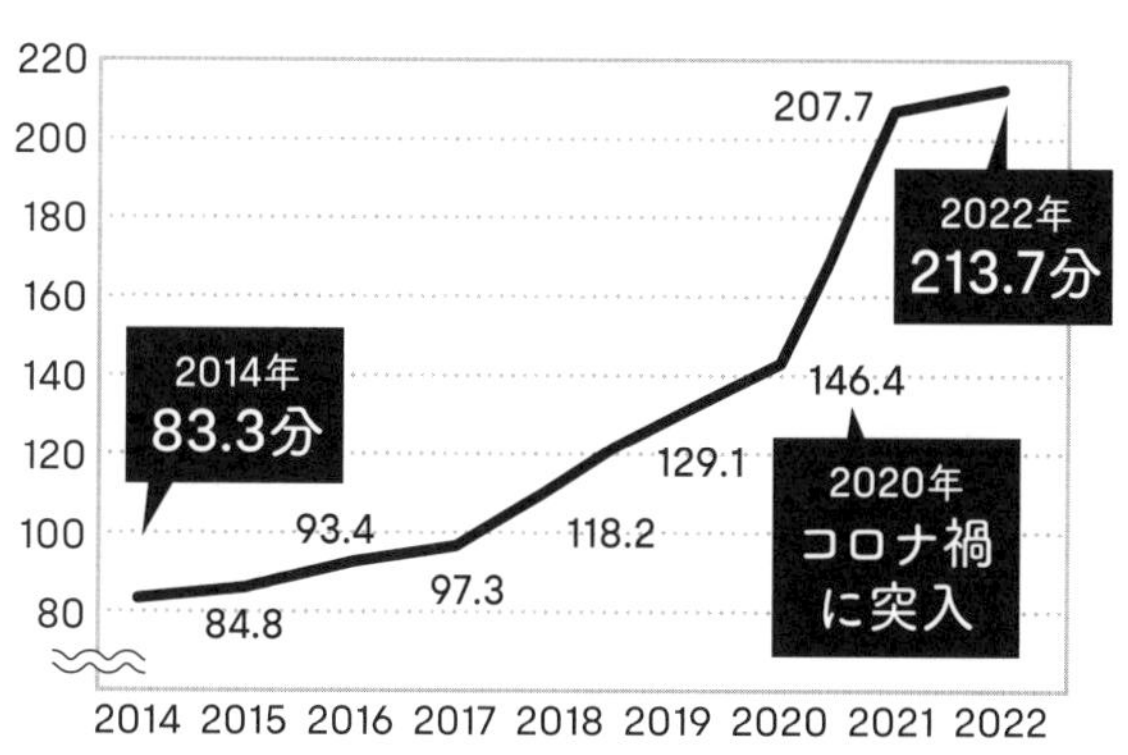

※内閣府「青少年のインターネット利用環境実態調査」

子どもにとって自力読書は大変
手軽で楽しいYouTubeに夢中に

読み聞かせだけでは、子どもは読書にハマれない

94・7％ものご家庭で、幼児期に読み聞かせが行われている。

それにもかかわらず、小学生になった子どもが本を読まない。

その原因は、**幼児期の読み聞かせからひとり読みへの移行がうまくいっていないことが大きい**といえるでしょう。

「自分で」読みたいと思えていないのです。

読み聞かせをしてもらっている幼児期のうちは、大人が音読するのをただ聞いているだけでいいのでラクでした。わからない部分を大人に補足してもらったり、抑揚をつけて楽しく読んでもらったりすることによって、多くの本をおもしろいと感じることができました。

しかし、ひとりで読むようになると状況は一変します。

自力で本を読む行為は、想像以上に負担のかかるものです。

今までは耳で聞いて理解してきた本の内容を、自分の目で読んで解釈しなければなりません。しかもそのときには、わからない言葉の意味を教えてもらうことも、読み手の表情やテンションをヒントにすることもできません。

本を楽しむことの難度が一気に上がってしまうのです。

子どもは自分で文字を追って読むくらいならYouTubeのほうがラクだと思ってしまうため、本を読むように促しても「読み聞かせなら（ラクだから）いいよ。してくれないならYouTubeを見る」などと反発するようになります。

そうしてやがて、読書離れにつながってしまうのです。

読書にハマれるかどうかは、小学生時代の読書習慣で決まる

ひとり読みの重要性がわかったところで、小学生の読書時間のデータを見てみましょう。

ベネッセ教育総合研究所の「子どもの生活と学びに関する親子調査」によると、低学年のうちは本を読んでいますが、学年が上がるにつれて1冊も読まない子が増えていることがわかります。

読書を一生ものの習慣にできるかどうかは、ひとり読みへの移行を成功させ、小学生のうちに1日30分の読書習慣を身につけられるかどうかにかかっているのです。

小学生のうちに読書習慣を身につけることができれば、多忙になる中学・高校時代に読書離れが進んでも、その減り幅をかなり抑えることができます。

子どもの1日あたりの読書時間の学年推移

特に小学生のうちは、1日あたり30分以上本を読む層は多いが、それ以下は不読層に転じていく。また、中学・高校にかけて読書離れは進行するものの、小学生のうちに毎日30分以上読んでいると減り幅がかなり抑えられる

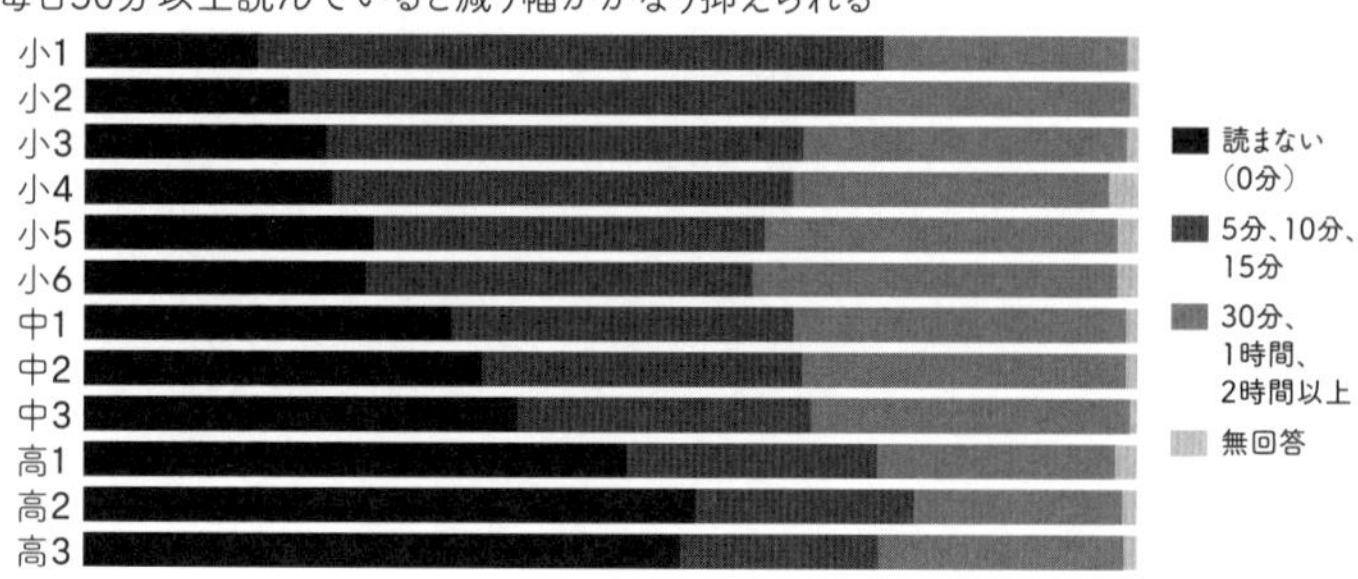

※ベネッセ教育総合研究所「子どもの生活と学びに関する親子調査」（2022年）

小学生になれば文字の勉強も始まり、自分で本を読める子どもが増えていきます。

子どもが自ら本を開く姿を目にすれば、「あとはもう大丈夫」「放っておいても自分で読むようになるだろう」と安心する方も多いことと思います。

しかしこの時期に「おもしろい」と感じて自ら楽しめる本に出会うのは簡単なことではありません。

おもしろいと思える本に出会わなければ、読書にハマる道は簡単に閉ざされてしまいます。この時期の子どもの読書をサポートせず放置していれば「おもしろい本」に出会う機会を逃してしまうのです。

それだけではありません。子どもの目と手が届くところにはいつでもスマホやタブレットがあり、YouTubeなどの魅力的なコンテンツが誘惑しています。

本に魅力を感じられなければ、そして、本よりもずっと手軽で容易に楽しめる存在が近くにあれば、読書をしなくなるのは自然な流れです。

だからこそ、子どもが本の魅力に気づける環境をつくり、楽しく読んで習慣化できるようサポートをする必要があるのです。

そうして読書を続けてきた子どもは、大人になったときに必要があれば読書という選択をして自らを助けることができるでしょう。

肝心なのは、小学生時代の読書習慣なのです。

読書によって身につく4つの力

34ページでは「読書ができれば、他のことはなんとかなる」とお伝えしました。

ここからはその理由として、読書によって身につく4つの力についてお伝えしたいと思います。

1　学びに向かう力

読書によって身につく力のひとつに「学びに向かう力」があります。

小学生から中学生、高校生、さらにその先へと歩みを進めていく中で、学ぶべきことはどんどん増えて難度も上がっていきます。

だからこそ**小学生のうちにしておきたいのは、学びに向かう力を身につけること。**

そうすることで、どれだけ学ぶ内容が変わっても、うまく対応できるようになるからです。

「勉強が嫌い」という子どもの様子を見ると、困ってしまいますよね。しかし、一番困っているのは子ども自身です。学校でも家でも毎日のように勉強をしなければならないのに、その勉強が嫌いだなんてつらいはずです。

それではなぜ、勉強が嫌いになってしまったのでしょうか。

その理由としてたびたび見られるのが「文字を読むのが嫌いだから」というものです。

読むという行為は、あらゆる学習において求められます。

教科書や宿題、テストなどには必ず文章が書かれていますから、読むことに苦手意識があれば、すべての教科において大きな負担を感じることになります。

「文字を読むのが嫌いだから勉強が嫌い」という子どもが多いのはそのためです。

反対に、読むことが得意であれば自信を持って勉強に向き合うことができるため、アドバンテージになるでしょう。

読書によって自ら学ぶ力がつけば、勉強への苦手意識が薄まるだけではなく、「チャレンジしたい」と思ったものに取り組む勇気も湧いてきます。

「ぼくは本が読めるんだから大丈夫」という心の拠りどころがあるからこそ、焦らず安心して挑戦し、世界を広げていくことができるのです。

たとえば、分厚い参考書を抵抗なく読めるようになれば、ぐっと勉強がしやすくなりますよね。本を読む中で培った語彙力が、英語などを学ぶうえで役立つこともあるかもしれません。

こうした力は、大人になるとますます役立つようになります。

なぜなら、社会人になると文字を読んだり書いたりする機会がさらに多くなるからです。この傾向は、リモートワーク化が進みテキストでのコミュニケーションが増えることによって、今後さらに顕著になっていくでしょう。

2 言葉を使いこなす力

読書をすればするほど、言葉に触れることができます。

そうして語彙力が伸びると、思考や表現の幅は広がっていきます。私たちは、自分が持っている語彙を通じて物事を認識し、思考したり表現したりするからです。

たとえば「好き」という言葉を知らなければ、その気持ちについて考えたり、誰かに伝えたりするのは難しくなるでしょう。

もちろんその言葉を知らなくても、「好き」という気持ちを実感したり、表情や態度で表現したりすることはできますし、言葉にしないからこそ感じられる機微もあるかもしれません。

しかし、その気持ちについて深く考えたり、ストレートに表現したりするためには、言葉があるほうがスムーズなのは間違いありません。

言葉を当てはめていない物事について思考したり表現したりするのは、とても難しいことだからです。

裏を返せばそれは、**言葉を知れば知るほど思考の幅が広がる**ということでもあります。**本を読むことで語彙力が伸びれば、思考の世界が広がっていく**のです。

語彙力が伸びていくと、言葉を使った表現力も豊かになっていきます。

ヨンデミーの受講生には、知っている言葉が増えたことによって、自分の心身の状態を伝えやすくなったという子どもがいます。

たとえばある子どもは、体調を崩したとき「喉の奥がギューッとなって吐き気に近い感じがした」と的確に伝えることができ、周囲の大人にスムーズに対処してもらえたそうです。

たくさんの言葉を知り、使いこなす力が身についたことで、自分にしかわからない体や心の状態をうまく伝えられるようになったのです。

対話やテキストコミュニケーションのときに言葉で表現する力は、どんな時代がきても求められます。
人間同士の関わりの中では言葉によるやりとりが欠かせませんし、たとえAIが進化しても人間が言葉によってAIに指示する力が必要になります。言葉を使いこなして思いを表現する力が肝要なのです。

そうした力を身につけるうえで有効なのは、言葉によるやりとりに接すること。**本を読んで登場人物の言葉遣いに触れたり、大人たちの対話を耳にしたりする中で、言葉の使い方は磨かれていきます。**

しかしテレビやYouTubeなどの動画は、視覚的な情報によって、極論、言葉がわからなくても伝わることを目指してつくられているため、言葉を学ぶには適しません。

より効果的に語彙力を伸ばすことができて、思考の幅を広げることにも、言葉による表現力を高めることにもつながりやすいのが、読書だというわけです。

3　EQ（心の知能指数）を高める力

IQ（Intelligence Quotient／知能指数）は、頭のよさを測る指標として知られています。

この数値が高い人は、論理的な思考能力などに優れていることから高評価を受けやすく、就職などのときに有利になるといわれてきました。

しかし近年、IQに代わって評価の主軸となりつつある指標があります。

それがEQ（Emotional Intelligence Quotient／心の知能指数）です。

EQが高い人は、自分の感情を把握しコントロールするだけでなく、周囲の人の気持ちも理解して適切に接することができます。

EQを提唱した心理学者ピーター・サロベイ氏とジョン・メイヤー氏は、ビジネスパーソンを対象とした調査を行い、「ビジネスで成功した人はほぼ例外なく、対人関係能力に優れている」と結論づけました。

ＩＱが高くても、コミュニケーション能力が低い人はチームの生産性を下げやすく、成果に結びつかないことがあります。

それに対して、ＥＱが高くスムーズなコミュニケーションをとれる人は協力者が集まりやすく、たとえＩＱが低くても成功するケースが多いというのです。

採用時にＥＱに着目する企業は少しずつ増えていますが、実は当社Yondemy（ヨンデミー）もそのうちの一社です。

ＥＱ重視の採用をしている当社では、相手の気持ちを思いやれるメンバーが揃っているおかげで、お互いのいいところや伸ばせるところを素直に伝え合えたり、どのメンバーとも気軽に相談できたりします。そんな理想的な環境だからこそチームの生産性も上がり、サービスの充実に力を注げるのです。

今の日本の教育では、ＥＱよりもＩＱが重視されていることは間違いありません。

しかし、**ＩＱだけが高くても社会でうまくいくとは限りません。ＩＱを生かして活躍していくためには、ＥＱを高める必要があるのです。**

それでは、どうすればEQを高めることができるのでしょうか。

効果的だといわれているのは、文学作品を読むこと。**文学小説をたくさん読んだ人は、人の感情を読み取る能力に長けている**ということが、心理学者のデイビッド・キッド氏とエマヌエーレ・カスターノ氏によって報告されているのです。

4　人の考えを取り入れて自分を変える力

教わり上手で素直な「コーチャブルな人」になれるというのも読書の大きなメリットです。

コーチャブルとは「コーチ（Coach）」と「可能な（able）」を組み合わせた言葉で、「コーチングを受けられる状態にある人」という意味。人の考えを取り入れて柔軟に自分を変えていく力といってもいいでしょう。

あなたの知り合いに、どんなアドバイスをされても聞き入れない頑固な人はいませんか。

せっかくいいアドバイスをもらっても、ひとこと目で「でも……」「だって……」と否定してしまう。言い訳や屁理屈ばかりで自分を変えようとしない。

そんなことを続けていると当然、成長のチャンスを逃してしまいます。

そうしたコーチャブルではない態度は、周囲の人からの「この人にチャンスを掴んでほしい」「この人の助けになりたい」という気持ちを遠ざけてしまいます。

やがてその人は、成長することもできず、周囲からの協力も得られない、とても生きづらい状態になってしまうのです。

とはいえ、コーチャブルな人になるのは、決して簡単なことではありません。

人は基本的に変化を好まず、そのままの自分であり続けたいと思うものだからです。しかし、そうした性質が強くなりすぎて「変わりたくない」と思っていると、いつまでも成長はありません。

人からのアドバイスを受け入れず変化を拒むような人よりも、アドバイスを素直に

受け入れ、自分を変えていける人のほうが成長が速いことはいうまでもないでしょう。

しかし、アドバイスを受け入れることは、自分の間違いや至らなさを認めることでもあります。とても勇気が必要で、難しいことなのです。

では、アドバイスを受け入れられるコーチャブルな人になるためには、どうすればいいのでしょうか。

そこで有効なのが、やはり読書です。

読書をすれば、いろいろな人の考え方や価値観を知ることができます。

自分とは違う考え方や価値観に触れる経験は、自らの間違いや至らなさに気がつくきっかけになります。

そうした経験を経るうちに謙虚さや素直さが培われ、コーチャブルな状態になっていくのです。

どんなときにも、読書は味方でいてくれる

読書は読み手にさまざまな力を与えてくれるだけではありません。

読書はさらに、どんなときにも寄り添ってくれる「心の中の相談相手」にもなってくれます。


本を読んでいると、さまざまな登場人物と出会います。

それらの人物は本の中であらゆる境遇に置かれ、行動したり決断したりする姿を見せてくれます。

その姿に触れるうちに、新しい考え方やものの見方を、自分に落とし込むことができるようになります。


そうするうちに読み手は、迷ったときに「こんなとき、あの人ならどうするだろう

か」と想像し、頼れる指針をいくつも持てるようになります。

進むべき道を迷っているときや悩みを抱えて困っているとき、**「心の中の相談相手」に助けてもらえるようになるのです。**

このように読書は、どんなときにも子どもを支える味方になってくれます。

困ったときや悩んだとき、自分の力で問題を解決したいと思ったときに、本は子どもに寄り添ってヒントを与えてくれるのです。

これから先、どんな時代がやってくるのかはわかりません。

しかし、子どもに本を読む力があるのなら、安心できると思いませんか。

ここからは、ヨンデミーを通じて1万人以上の子どもたちの読書指導に携わってきたからこそわかる、ご家庭でできる読書教育の方法をお伝えしていきたいと思います。

「魚を与えるのではなく、釣り方を教えよ」という言葉があります。

飢えた人に魚を一匹与えれば、その人は当面は飢えをしのぐことができますが、翌日には再び飢えに悩まされることになります。

しかし釣り方を教えれば、その人にはもう魚を与える必要はありません。生きる技術を身につけたその人は、自分の力で生きていけるようになるからです。

子どもを読書できるようにするということは、ここでいう釣り方を教えるようなもの。**読む力を身につけることによって、その先もずっと自らの力で人生を切りひらいていけるようにするということです。**

2 章

どんな子だって
読書家になれる

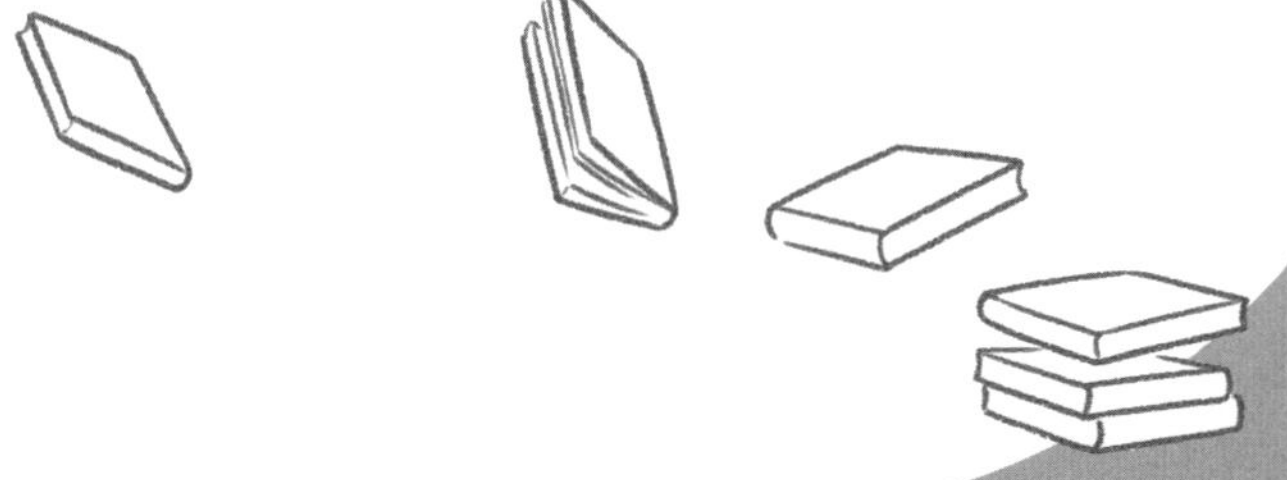

「たまたま本好きになる」確率は上げられる

ヨンデミーを立ち上げるにあたって私たちは、たくさんの読書家の方々に「なぜ本を好きになったのか」を聞きにいきました。

その答えとして圧倒的に多かったのが、実は「たまたまです」というもの。特に理由はなく、単なる偶然によって読書家になったというのです。

私たちは、そうした話を繰り返し聞くうちに思い至りました。

読書家になった人たちは、その偶然が起こり得る環境にいたのだということに。

たとえば、魅力的な本に触れられたり、読書に集中できたりする家庭環境があれば、その偶然は起こりやすくなります。読書の楽しさを共有できる家族や友達が近くにいれば、本を読み続ける意欲を保ちやすくなります。

そんな環境があったからこそ、「お気に入りの1冊に出会う」といった偶然が起こり、読書に魅了されるようになったのではないでしょうか。

ならば、その偶然が起こる可能性を100%まで高めてみよう。

ヨンデミーの読書教育の根底には、そうした考えがあります。

子どもがたまたま読書を好きになる。そのための種を蒔くのが、私たちの読書教育です。

ある1つの種と出会うことによって読書家になる子どももいるでしょう。違ういくつかの種と出会ううちに読書家になる子どももいるでしょう。中には、すべての種を集めてはじめて読書家になる子どももいるかもしれません。

子どもには一人ひとり個性がありますから、どの種が効果を発揮するのかは、実際に芽が出た後にしかわかりません。

しかし、その種の数を増やして蒔けば蒔くほど、芽が出る可能性は高まります。

子どもが読書家になるという偶然の確率を高め、必然にすることができるのです。

「読書教育の3つの柱」で誰でも読書家に

読書教育には、大きく3つの柱があります。

それが**「ささる本選び」「ハマるきっかけづくり」「習慣化できる環境づくり」**です。

この3つをコンプリートすれば、誰でも必ず読書家になれるのです。

このあと本書では、3章で「ささる本選び」、4章で「ハマるきっかけづくり」、5章で「習慣化できる環境づくり」の方法をお伝えします。

それぞれの章では、基本的なステップを順を追ってご紹介しますので、ひとつずつ実践していくのもいいでしょう。

もちろん子どもによっては不要なステップもありますから、必要だと感じたものだけを選んで試してみるのもいいと思います。**できるところから少しずつ、ご家庭に合**

う方法にアレンジして取り入れてみてください。

今、子どもが読書家になっていないということは、読書家になるための種に出会えていないということ。

3章以降でご紹介するノウハウの一つひとつは、読書家になるという偶然を生むための種です。これらを実践して種を蒔いていくと、読書家への扉が開きやすくなります。

ぜひ、扉が開くそのときまで、子どもとともに楽しみながら読書教育を実践してみてください。

読書家への扉が開いた先に待っている世界

ここからは、「ささる本選び」「ハマるきっかけづくり」「習慣化できる環境づくり」がうまくいくと、どのような状態になれるのかをお伝えします。

成功イメージを具体的に思い描けば、ゴールまでの道のりが見えやすくなります。

読書家になった子どもの様子をイメージしながら、ノウハウの実践へと進んでみてくださいね。

1 「ささる本選び」が実現すると広がる世界

子ども自身が「おもしろい」と思える本を見つけられずにいる。

保護者がおすすめしても「難しそう」「おもしろくなさそう」と見向きもしない。

そんな状況に陥っているご家庭は意外と多いようです。

しかしこんな状況は、読書教育によって的確な本選びをする力がつけばみるみる改善していきます。

子どもが自ら「読書をしたい」という気持ちで本を手に取り、ページをめくるようになっていくのです。

これはヨンデミーを受講している4年生の女の子のお話です。

彼女はもともと、保護者からいろいろな本をおすすめされていたにもかかわらず、嫌がって読もうとしませんでした。

しかしあるとき、ヨンデミーでおすすめされた何冊かの本を読むうちに、**お気に入りの1冊に遭遇。それが、大きな転換点になりました。**

彼女は、何度も大笑いしながらこの1冊を読んだそうです。その後は、同じ作者による本を図書館でたくさん借りてきて読みはじめ、次第にいろいろな本を読むようになっていきました。

それから半年ほど経ったころ、親子で大きな図書館に出かけたそうです。

そこでの反応は、以前の彼女からは到底想像できないものでした。

膨大な数の本に囲まれてテンションが上がり、幸せオーラがほわほわ〜っと出ていたというのです。

図書館からの帰り道、彼女は「お母さん、あの図書館は宝の山だったね！」と言ったそうです。

読んだことがないたくさんの本にワクワクして、自ら「読みたい！」という気持ちを高めることができる。そして、自分に合う本を選びとって前向きな気持ちで楽しめる。彼女はすでに立派な読書家だといえるでしょう。

2「ハマるきっかけづくり」が実現すると広がる世界

「読書って楽しい！」という気持ちがなければ、読書家になることはできません。誰だって、楽しくないことはやりたくないからです。

ということは、読書の楽しさや喜びを知ればどうなるでしょうか。当然ながら子どもは読書をしたくなります。

YouTubeやゲームはもちろん楽しくて刺激的ですが、それを凌駕するほどの魅力を本に感じさえすれば、自然と読書を選ぶようになるのです。

小学校入学の数か月前からヨンデミーをはじめたある女の子は、1年間ほど読書教育を受ける間に大きな変化があったといいます。

もともとは自分から本を読むことがなく、読み聞かせを楽しむだけだったのですが、たくさんの本を自力で読むようになったというのです。

彼女は本を読むうちに、その物語の世界に入り込んでさまざまな体験をするようになったそうです。

たとえば、登場人物の気持ちを自分の体験と重ね合わせて想像する。そうすることで、その人物に共感したり自分にはない感情を知ったりしているようです。

ときには、登場人物と自分は気が合わないと感じて、その本を嫌いになったりすることもあるのだといいます。彼女にとってはそれだけ本の世界がリアルでみずみずしいものなのでしょう。

読書の楽しさに気づかないうちは、褒めてもらったりご褒美をもらったりすることでしか「本を読みたい」という気持ちになれないかもしれません。

しかし彼女のように、**読書を通して知ることや考えること、感じることを堪能できるようになると、読むことそのものが自分へのご褒美になります。**

「楽しいから読みたい！」という気持ちが、自然と湧いてくるようになるのです。

3 「習慣化できる環境づくり」が実現すると広がる世界

ヨンデミーを受講している5年生のある男の子は、受講をはじめたものの親子ともに忙しい時期だったこともあり、読書を習慣化することができずに断念。

しかしそれから半年ほど経った頃に保護者が奮起して、再び読書に向き合うことになりました。

再受講にあたって目標にしたのは、ミニレッスンを習慣化すること。

ヨンデミーでは1日1回、ヨンデミー先生というキャラクターからチャット形式のレッスンが配信される仕組みになっています。3分程度で取り組めるこのレッスンでは、読書の楽しみ方や魅力についてチャットでおしゃべりしながら学ぶことができるのです。

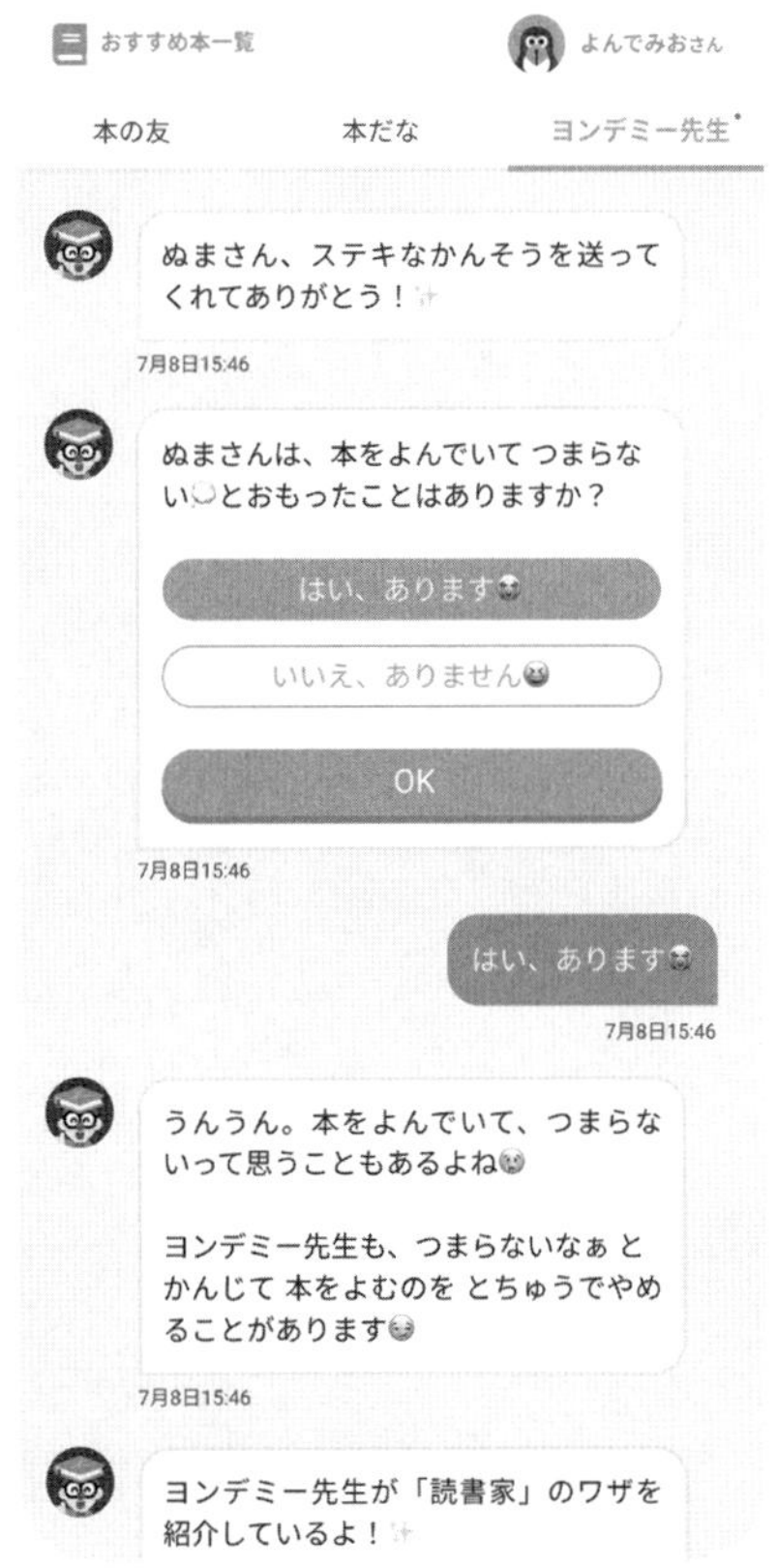

ヨンデミー先生との短いやりとりで、読書の楽しみ方や魅力に触れられます。おうちでも本についての会話をしてみましょう。

はじめから本を読むのは難しくても、チャットで本の話をするくらいならできる子どもは多いはず。

保護者の声かけの甲斐もあり、彼はこのミニレッスンを継続。1か月もしないうちに**少しずつ本のことを考える時間が増えていき、本を読む習慣まで身についたのです。**

ヨンデミーではヨンデミー先生とのチャットで本の話をしていますが、これはご家庭での会話に置き換えることが可能です。本書では、保護者がヨンデミー先生の代わりになるための方法もお伝えしていますので、ぜひ参考にしてみてください。

さて、もともとは『かいけつゾロリ』ばかりを読んで、それ以降のレベルアップができなかった彼ですが、次第に読む本にも変化があらわれました。

ゲームが大好きな彼は、本に対しても攻略欲求が高まって「もっとレベルが高い本にも挑戦したい」と思うように。半年後には『ぼくらの七日間戦争』、そして1年後には『ハリー・ポッター』を読破したというのです。

かつての自分から見ればかなりハイレベルなこれらの本を攻略できたことで、彼は一気に自信をつけたそうです。

さらには、友達や先生から「読書上級者だね」と一目置かれるようになったことで、その自負を持ってますます読書をするように。

今では本が好きになりすぎて、一緒に買いものをしているスーパーの片隅でも読みはじめてしまったり、自転車に乗りながらも読もうとしたり……（さすがに危険なのでやめたそうです）。

以前は「YouTubeやめなさい」「ゲームをやめなさい」と言われるのが日常茶飯事だったのに、最近では「いい加減に本を読むのをやめなさい！」と言われることもあるのだとか。

ここまで読書を好きになれば、もう何のサポートも必要ありません。

読書を習慣化したことによって、子どもは読書家として自走できるようになっていきます。

誰に何を言われようと本の存在がなくてはならないものになり、本とともにある

日々が当たり前のものになっていくのです。

＊＊

子どもに合う本を選び、読書への気持ちを保つ工夫をして、習慣化ができるような仕組みをつくる。

そうすれば子どもは、必然的に読書家へと成長していきます。

ここからは、そのための具体的な方法をお伝えしていきたいと思います。

3章

子どもが夢中で読みはじめるささる本の選び方

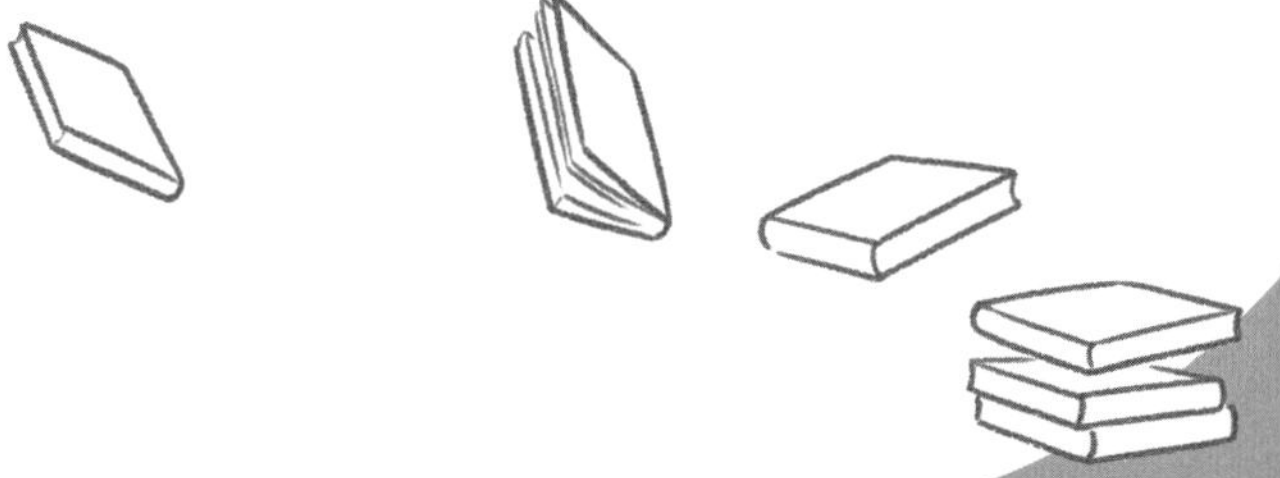

Chapter 3
How to Choose a Book
That Will Get Your Child
Hooked on Reading

「レベル」と「好み」を見極める

子どもが読書を好きになれるかどうか。

それは、本選びにかかっているといっても過言ではありません。

読書家への扉はいつでも、お気に入りの1冊との出会いによって開かれるからです。

難しそうと思いつつも読みはじめてみたら、意外と楽しく読破できて、「**ぼくもやればできるんだ！**」**と達成感を味わえた。**

たまたま読んだ本の中に自分が大好きな世界が広がっていて「**本ってこんなにおもしろいんだ！　それならもっと読んでみたい！**」**とワクワクした。**

そんな経験をすると、遠くに感じていた本の存在がぐっと身近なものになります。

本の内側には、まだ知らないワクワクするような世界が広がっている。そして自分は、その世界に入りこんで味わうのに十分な力を持っている。

そんな実感を持てたなら、本への関心はどんどん高まっていくはずです。

では、そうした1冊に出会うためには、一体どうすればいいのでしょうか。

そこで手がかりになるのが**「レベル」と「好み」という2つの軸**です。

「レベル」も「好み」も、子どもに合ったものを選ぶことが重要です。

●レベル

子どもは日々成長していきます。そのため、成長の段階にぴったりフィットする本を選ぶことが非常に重要です。

たとえば、習っていない漢字や知らない難しい言葉にぶつかると、とたんに難しく感じるから。

特に、読書に慣れていない子どもにとって、本はそもそもハードルの高いものです。加えて、背伸びしないと読めないような難しい本であれば、すぐに閉じたくなってしまいます。

また、オチの部分にわからない言葉があったためにオチが理解できず、好みに合っているはずの本なのにとてもつまらなく感じてしまうこともあります。

レベルが合わない本を読むことで難しさやつまらなさを感じ、子どもは読書嫌いに

なってしまうのです。

●好み

子どもには、一人ひとり好みがあります。その**好みにぴったりと合う本に巡りあえば、読書のおもしろさに目覚める**可能性は高まります。

本のジャンルがファンタジーなのか、学園ものなのか。登場人物の性格が好奇心旺盛なのか、クールなのか……。そうした特色が読者の好みに合っているかどうかは、読後の満足度に大いに影響を与えます。

同じ本を読んだところで、子どもによって感じ方が違うのは当然のこと。人気の本だからといって、すべての子どもの心に響くわけではありません。好みを意識して本を選んだほうが、楽しさを感じやすくなるのです。

そこで必要となる読書教育は、子どもの「レベル」と「好み」を見極めるお手伝いをすること。そうして子どもとの相性がぴったりな本と出会えるようにすれば、読書家の扉は開きやすくなるのです。

Tips 01

「〇年生向け」をあてにしない

本選びをはじめるにあたって、まずはレベルについて考えていきましょう。

どうすれば、子どもに合ったレベルの本を見つけられるのでしょうか。

レベルの判断に迷ったときに頼りにしがちなのが、子ども向けの本にときどき書いてある「〇歳向け」「〇年生向け」という表記です。

しかし残念なことに、その表記通りに本を選んだところで、読書が苦手な子どもの場合は特にレベルが合わないことがよくあります。

たとえば、3年生の主人公が登場する本に「3年生向け」と書かれているのはよくあることですが、その本が**主な読者として想定しているのは「読書が好きで本を読むのが得意な3年生」**です。

つまり**「読書がそれほど好きではなく、本を読むのが苦手な3年生」にとっては、難しすぎる場合が多い**のです。

ではここで、想像してみてください。

読書が苦手な3年生が、「『3年生向けの本』だから読みなさい」といって興味もない本を押しつけられると、どうなるでしょうか。

難しすぎて理解することもできず、退屈さや不快さだけを味わうことで、読書への苦手意識がますます強くなってしまうはず。そうして読書に対するネガティブなイメージを持つと、本との距離はますます開いてしまうでしょう。

子どもは一人ひとり、体の成長速度が違います。それと同じように、読む力の成長速度にも個人差があります。

3年生の頃には平均よりも身長が低かった子どもが、6年生になるとクラスの誰よりも高身長になっている……ということもあり得ます。

読む力の成長にも、同じことがいえます。

3年生のときには「3年生向けの本」が難しすぎて読めなかった子どもが、読書経験を積んで6年生になると「6年生向けの本」をスラスラと読めるようになっていたりするのです。

たとえ読む力の成長が遅くても、それは読む才能がないせいではありません。読む力は、何歳からでも高めることができます。

そのときどきのレベルに合った本を読み続けていけば、それが栄養となって読む力は伸びていくのです。

Tips 02

「難しさ」と「長さ」でレベルを測る

本への苦手意識を植えつけないためにも、本を選ぶときにはレベルを合わせることが大切です。

それでは具体的にどうすればいいのでしょうか。

ヨンデミーでは、**本のレベルを文章の「難しさ」と「長さ」という2つの軸で判断**しています。

●難しさ

まずは「難しさ」について考えてみましょう。

16ページでもご紹介したように、私たちはヨンデミーレベル（ＹＬ）という独自の指標を設けてスコアをつけ、本を選ぶときの基準にしています。

・漢字の多さ

・語彙の難しさ

・一文の長さ

・漢語と和語の割合（漢語「昼食」は、和語「昼ごはん」より難しい）

などからその本の「難しさ」を数値化しているのです。ちなみにこのヨンデミーレベル（YL）は、子ども自身の「読む力」を測るときの指標にもなっています。

●長さ

「長さ」については、**総文字数**に着目します。

そうして**「難しさ」と「長さ」を数値化することによって、本のレベルを判断する材料にしています。**

あるとき、ヨンデミーを利用している子どもたちのヨンデミーレベルを調べてみたところ、同じ学年でもかなりのバラツキがあることがわかりました。

学年別ヨンデミーレベルの分布

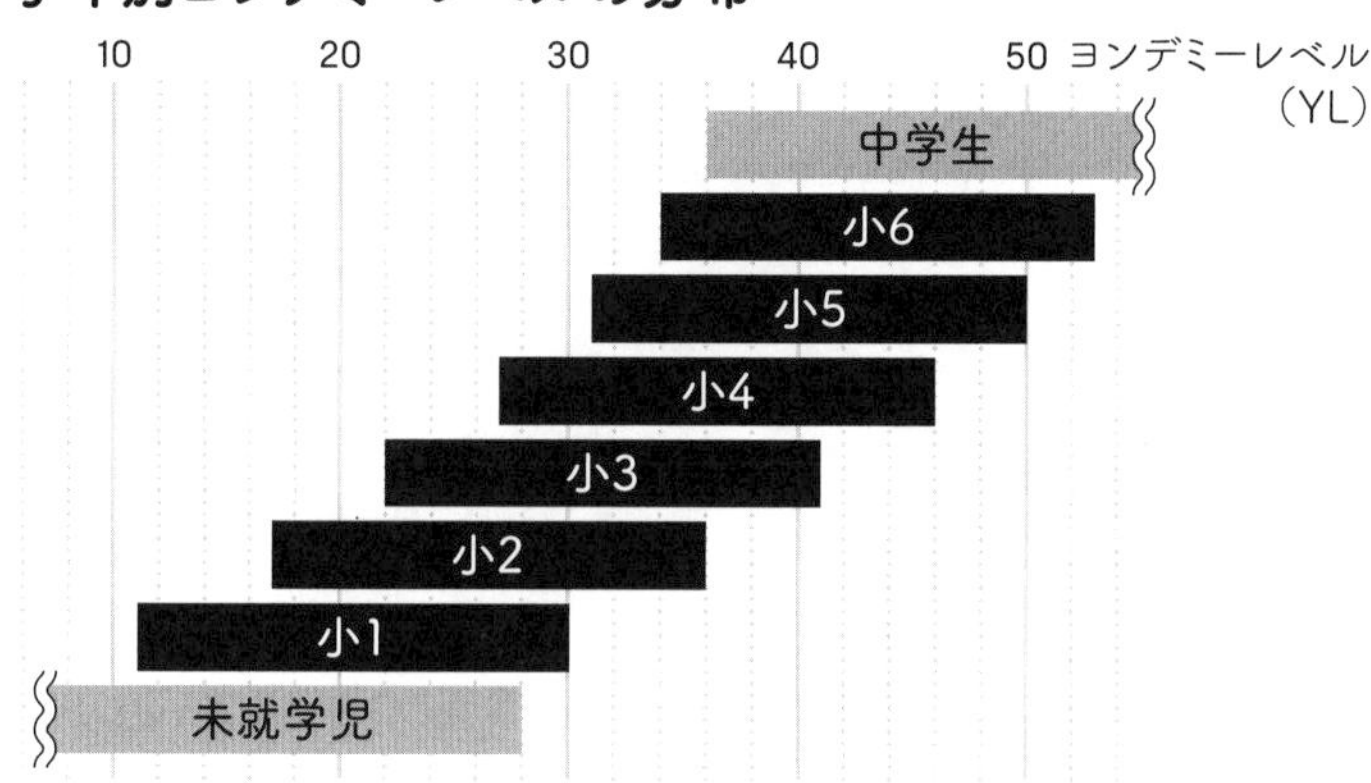

しかもそのレベルは必ずしも、学年が上の子どものほうが高いとは限らないということも明確になったのです。

たとえば、2年生の上位約50％と4年生の下位約50％は、2学年の差があるにもかかわらずレベルが同等でした。

この結果からもわかるように、**子どもの読む力は決して学年だけでは測ることができないのです。**

Case Study

子どもにとっての「ちょうどいい難しさ」がわかりません

「疲れずに読める難しさ」の本を探し出そう

子どもにとっての「ちょうどいい難しさ」がよくわからない。

そんなときは、子どもとともに図書館の本棚をめぐり、勘を頼りにまずは1冊を選びとってみてください。

漢字の多さや一文の長さといったポイントのほかに、文字の大きさや挿絵のわかりやすさなども、難しさを判断する材料になります。

ひとまず1冊を選んでみたら、その本よりも簡単そうなものと難しそうなものを何冊か選びます。

できれば、最初の1冊よりも2学年分くらい簡単そうな本と、1学年分くらい難しそうな本をあわせて5～6冊選んでみてください。
厳密な難しさを気にする必要はなく、なんとなく4学年分くらいの幅があるセレクトになっていればOKです。

選んだ本を机に並べたら、子どもにパラパラとめくってもらいましょう。このとき重要なのは「読まなくてもいい」ということ。

「疲れずに読めそうな本を選んでみて」と声をかけて、少なくとも1冊を選んでもらえば、子どもが持つおおよその「読む力」を判断することができます。

その力をさらに正確に見極めたい場合は、本の難しさの幅を縮めてこのプロセスを繰り返します。

一度目に選んだ本を基準にして、半学年分くらい難しそうな本と簡単そうな本をあわせて5～6冊集め、その中から「疲れずに読めそうな本」を選んでもらうのです。

このときのポイントは、

・**想定よりも簡単そうな本も選択肢に入れておく**こと

・**「頑張れば読める」のではなく「疲れずに読める」ものを選んでもらう**こと

そうすることで**「子どもが楽しく読書をするために、どの難しさの本が適しているのか」**を知ることができるのです。

Tips 03

「難しさ」と「長さ」のバランスを調整する

先ほどお話ししたように、レベルを判断するときに「難しさ」とあわせて重要になるのが「長さ」です。

子どもの読む力に合った本を選ぶためには、その本の文字量にも着目する必要があります。

子どもは、**難しい本が読めるからといって長い本が読めるわけではありません。**

たとえば、漢字をたくさん覚えていたり論理的な思考力が身についていたりする子どもは、比較的難しい本を読むことができます。

ただしそれは、長い本でも読めるということではありません。長い文章を読むには、読むための体力や集中力、読んだ内容を覚えておく記憶力などが要求されます。

そのため、短い文章であれば読めるけれど、読書が苦手だから長文は読めないという場合もあるのです。

それに対して、**長い本を読むのは苦にならないけれど、難しい本を読むのは苦手という子どももいます。**このような子どもは、簡単な本であれば長くても読み続けることができます。

ただし難しい本を選ぶと、読めない漢字が多かったり読む力が追いつかなかったりするため読みにくさを感じてしまいます。

つまり、子どもが楽しく読める「難しさ」と「長さ」は、比例して伸びていくとは限らないということです。

そのため、**「難しい本は読めるけれど長い本は苦手」「長い本は読めるけれど難しい本は苦手」というように、対応できる「難しさ」と「長さ」によって、楽しく読める本の数が限られてしまうのです。**

読める本の数を増やして豊かに読書を楽しんでいくためには、「難しさ」「長さ」それぞれの側面でバランスよく読む力を伸ばしていけると理想的です。

「長さ」や「難しさ」に強くなるための方法は、原則3（128ページから）でご紹介しますので、ぜひ参考にしてみてください。

Tips 04

くじ引き感覚で「好み」を探ってみる

続いては、子どもの「好み」を探ってみましょう。
このときに大切なのは、**百発百中を狙おうとしない**こと。**トライ&エラーを繰り返しながら、くじ引き感覚で気負わず楽しむ**ことをおすすめします。

たとえば図書館に行って**15冊の本を借りたとします。読書が苦手な子どもの場合、子どもの心にささる本はそのうち2~3冊あるかどうか。**ヒット率が低いと思われるかもしれませんが、実際にはそれくらいのものです。

しかしこの世界には、一生かけても読み切れないほどたくさんの本があります。

ですからどんどん手にとって、自分に合わないと思ったものは躊躇せずに手放していきましょう。

そうするうちに、やがて「おもしろい！」と魅了される本に出会うときがやってくるはずです。

読書家の大人たちだって実は、借りたり購入したりした本のすべてを「おもしろい！」と感じて、隅から隅まで読んでいるわけではありません。

数ある本の中から、気になる部分だけを読んだり、冒頭だけ読んですぐやめたりすることもあるでしょう。

しかしそれは、決して悪いことではありません。そうすることでより充実した読書タイムを過ごせるようになるからです。

これは子どもであっても同じこと。**おもしろいと思えない本を我慢して読む必要はありません。**そんな無理をするよりも、気持ちを切り替えて新たな本を読むほうが、本にハマる近道になります。

ちなみに、図書館の司書さんは子どもにおすすめの本をたずねられると、対話を通して本人の「好み」と「レベル」を把握し、適切だと思われる本を脳内データベースから選び抜くことで、満足度の高い選書を可能にしています。

ヨンデミーの選書システムは、その人間味あふれるプロセスを、ＡＩの力によって再現したものです。

ヨンデミーには、２０００冊以上の子ども向けの本のデータがあります。

このデータは「国語のテストであれば間違いなく１００点」というレベルの高精度な分析ができるスタッフたちが作成を担当。１冊ずつ丁寧に読み込んで、**ジャンルはもちろん、登場人物の属性や性格、主要メッセージの方向性、読み手に与える感情といった要素を約200種類にも及ぶ項目で分類**しています。

２人体制でチェックをしながら丹念につくりあげたこのデータは、かなりの正確さを誇るものだといっていいでしょう。

このようにして、その本がどんな子どもの好みとレベルに合うものなのかを徹底的に分析し、独自のデータベースを構築。選書のためのアルゴリズムを開発することで、子ども一人ひとりの好みとレベルにフィットする本を導き出す仕組みをつくっているのです。

これほど丁寧につくりこまれたヨンデミーの選書システムだからこそ、ほぼ確実に子どもの好みに合った本を導き出せます。ただしこれは、6冊ほど選書した中でその子に合った1冊を当てている状態です。

ささる本を見つけるのはそれほど難しいこと。

だからこそ、好みに合う本は一度で探し当てようと思わずに、くじ引き感覚で楽しみながら探っていけるといいですね。

Tips 05
「つまみ食い読書」で5分ずつ読む

たとえば自分に合う服を買いたいと思ったとき、気になったいくつかの服をお店で試着してみる人は少なくないはず。

そうして感触を確かめるプロセスを経ることで、より満足度の高い選択ができるようになるからです。

子どもの本選びにおいても、同じことがいえます。

まずはいろいろな本を少しずつ試してみましょう。

思いのままに、本の「つまみ食い」をしてみるのです。

具体的な方法としては、**子どもとともに図書館の本棚を巡り、できるだけジャンル**

がバラけるように本を5〜6冊ほど選んでみてください。

もしも子どもが自ら「おもしろそう」「読んでみたい」と選んだ本があれば、それがどんな内容のものであっても口出しせずに候補に入れておきます。

そうして本を選んだら、机の上に広げて、冒頭の部分だけを読んでみます。

5分ほど読んだら次の本へ。また5分読んだら次の本へ。そうして複数の本を、つまみ食いをするように読んでみるのです。

そうするうちに、

「乗りものがたくさん登場する本よりも、動物が主人公の本のほうが好きかも」

「文字が多い本よりも絵本のほうが自分に合っているかも」

というようなその子ども特有の傾向が、少しずつ見えてきます。

あとは**「続きを読んでみたい」と思った本だけを読めばOK**です。

つまみ食い読書をしていくと、今の子どもに合う本が少しずつ浮き彫りになっていきます。

大切なのは、とにかくたくさんの本に触れてみること。いろいろな本に触れるなかで「好き」と「これではない」を実感しながら、絞り込んでいきましょう。そうして**トライ&エラーを繰り返しながら探していけば、いつか必ず心に響く本と出会える**のです。

Case Study

「つまみ食い読書」用の本の選び方がわかりません

二択で選びやすくしよう

「つまみ食い読書」用の本を選びたいと思っても、見当がつかない。そんな場合は、**なんとなく2冊の本を選んで表紙を見せ、「どっちなら読んでみてもいいと思う?」と聞いてみる**のもひとつの手です。

二択にすることによって、子どもは答えを出しやすくなります。
その答えには好みの傾向があらわれます。二択を繰り返すうち次第に、好みは明確になっていくはずです。

このとき注意したいのは「どちらか1冊は読む」という前提の質問でプレッシャーをかけないこと。

「どっちを読みたい？」といった聞き方をすると、子どもは「どちらかを読まなければならない」という圧を感じてしまいます。

ささいなことだと思われるかもしれませんが、このニュアンスは子どもの心に思いのほか大きく影響します。

「どっちなら読んでみてもいいと思う？」「どっちの本のほうがおもしろそう？」というように、読むことを子どもに強制しない聞き方を心がけましょう。
読むかどうかを決めるのは、あくまでも子ども自身なのです。

Tips 06

表紙だけ見て「どんな本？」予想ゲーム

子どもの好みを探るには、**表紙の絵柄を見て本の内容を予想するゲーム**もおすすめです。

何冊かの本を並べ、それらの表紙の印象だけを手がかりにして内容を考えてみるのです。

「クッキーと女の子の絵が描いてあるから、クッキーが好きな女の子のお話かな。それとも、女の子がクッキーをつくるお話なのかな」

「船に乗った子どもたちの絵が描いてある。この子たちが冒険をするお話かもしれないね」

このようにして一緒にイメージをふくらませる過程も、そうして予想した内容を伝えあう過程も、子どもにとってはワクワクするものになるでしょう。

その後は予想をもとに、気になったものだけを選んでつまみ食い読書（102ページ）をしてみます。つまみ食い読書ですから、すべて読まなくてもかまいません。冒頭の部分だけを読んでみて「もっと読んでみたい」と思った場合だけ、続きを楽しめばOKです。

本の内容を予想するこのゲームは、読まず嫌いの克服にも一役買ってくれます。そもそも読まず嫌いの多くは「表紙だけ見て惹かれなかったから読まない」という表面的な拒否反応。**表紙から一歩踏み込んで内容を想像してみると、意外と興味の湧く内容だったということが少なくない**のです。

そして、実際に読んでみて、予想した内容と当たっていたかどうかを考えると、

・表紙からわかる情報がすべてではないこと
・本を読むかどうかを表紙で判断するのは損であること

が痛感できる、そんな成功体験につながります。

Tips 07

読まなかった本もひとことメモを書く

つまみ食い読書をしていると、ハズレの本に出会うこともあります。

本選びはくじ引きのようなものですから、これは当然のことです。おもしろいと思える本に出会えなかったからといって、まったく気にする必要はありません。

ハズレの本に出会ったり、アタリの本に出会ったり……。

そんな経験を積み重ねていくうちに、子どもの好みの傾向が見えてきて、お気に入りの本を探しやすくなっていくのです。

好みの傾向を早く見極めたいと思うなら、効果的なのは読書記録をつけること。

おもしろいと感じた本だけではなく、ハズレだと感じた本のことも簡単にメモをし

No	月/日	タイトル	評価	感想・メモ
1	2/19	どんぐりころちゃん	○	ころちゃんがかわいかった！
2	2/25	タンタンタンゴはパパふたり	◎	タンゴが生まれてよかった！タンゴがかわいい
3	3/1	10かいだてのまほうつかいのおしろ	☆	まほうつかいになった気分になれてうれしい
4	3/1	かえるのおねがい―おやすみのまえに（2）	◎	いろんな話があっておもしろかった！
5	3/2	こいぬがうまれるよ	△	犬の生まれ方がわかった！
6	3/9	おさるのまいにち	○	うみがめのおじいさんの話がもっと聞きたかった
7	3/10	雪窓	△	こわかった
8	3/13	サンタクロースのおてつだい	☆	すてきなおはなしだったわたしは、ほくまに乗ってみたい
9	3/26	ママだいすき	◎	わたしも、ママが大好き
10	4/10	かわうそ3きょうだい	△	絵がマヌケで、おもしろかった

ておきましょう。

気に入らなかった場合はその理由、気に入った場合にもその理由を、ひとことでもいいので残しておくのです。

そうした蓄積によって好みの傾向が見えやすくなり、その後の本選びでアタリを見つけやすくなっていくはずですよ。

最初のうちは、子どもの反応を見ながら、保護者がメモを書いてみるのはいかがでしょうか。

少し慣れてきたら、子どもに感想を聞きながら一緒に書き込んでみましょう。

子どもの負担にならず、続けやすい方法を探してみてください。

前ページの読書記録は、ヨンデミーを利用する小学生の実際の感想をもとにしています。

本書の特典として「読書記録シート」がダウンロードできますので、ぜひ活用してみてください（ダウンロードの方法は32ページを参照してください）。

原則1
まとめ

- 読む力の成長速度は一人ひとり違うため、「○年生向け」が合わない子どもは多い
- 本のレベルは「難しさ」と「長さ」を見て判断する
- 「難しさ」と「長さ」に対応する力をバランスよく伸ばしていくと、楽しく読める本の数が多くなる
- 「レベル」と「好み」がぴったりと合う本を見つけるのは難しい
- 「好み」は、くじ引き感覚でトライ&エラーを繰り返しながら探っていけばいい

Chapter 3
How to Choose a Book
That Will Get Your Child
Hooked on Reading

まずは「楽しく」、そして「たくさん」「幅広く」読む

「好み」と「レベル」を把握することによって自分に合った本を読めるようになってきたら、次は「たくさん」読むことを目指しましょう。

習慣的に、そして主体的に本を読めるようになることによって、結果的に「たくさん」の本を読める状態を目指すのです。


しかし、ここで焦りは禁物です。

子どもが「楽しく」読書に向き合えていないのに、無理やり「たくさん」の本を読ませようとしていませんか？

想像してみてください。楽しくもないことをたくさんやらされるのは、つらいものです。そんなことが続けば、せっかく好きになりかけたものでも嫌いになったり苦手になったりする可能性があります。


だからこそ重要なのは、「楽しく・たくさん・幅広く」の順に歩みを進めること。

「たくさん」読めるようになるまでは、常に「楽しく」を重視しながら本と向き合いましょう。

ときには、レベルを下げることによって読むときの負荷を減らし、楽しさを感じやすくする必要もあるかもしれません。とにかく重要なのは、ファーストステップの「楽しく」なのです。

この状況をサッカーに置き換えて考えてみましょう。

子どもがサッカーを習いはじめるとき、まずはボールを蹴る楽しさを体感するのがファーストステップとなります。そうして十分にその楽しさを知ったうえで、次の段階としてテクニックを身につけていきます。

ボールを蹴る楽しさも実感できていないのにディフェンスの練習をはじめたところで、サッカーを続けていきたい気持ちにはなりにくいからです。

楽しさを感じられると、自然と好きになり、続けていきたいと思うもの。

つまり、「楽しく」読むことさえできていれば、自然と習慣化して読む量は増えていきますし、読む本の幅も広がっていきます。

まずは、楽しさを実感し続けることが最優先なのです。

Tips 08

「せっかく買ったのに」と思わない

まずは「楽しく」が最優先。

だからこそ特にはじめのうちは、読み方にこだわる必要はありません。とにかく「楽しく」読める方法を実践することが重要です。

読書をはじめたばかりの子どもに多い思い込みのひとつに「本は読み切らなければならない」というものがあります。

たとえおもしろくなくても、読みはじめた本は1冊読み通さなければならない。そう思い込んでいる子どもが、意外と多いのです。

この思い込みは、子どもに限ったことではありません。

買った本を読みはじめてみたら、あまりおもしろいと思えない。

そんなときにあなたは「せっかく買ったんだから、全部読まないともったいない」と自分にプレッシャーをかけたことはないでしょうか。

その気持ちはよくわかります。

しかしそんなときは、ちょっと考え方を変えてみることをおすすめします。

読書家は「読まない判断」をするのが早く、しかも罪悪感を持つこともありません。

世の中には大量の本があり、読みたい本は次から次に出てきて尽きることがないからです。

そう考えてみると、「読まない」という判断はむしろ、立派な読書家の姿勢といえるのかもしれませんね。

「おもしろくない」と感じながら無理やり読み続けることは、「楽しく読めなくなる」につながる危険性があります。

特に、読書好きではない子どもの場合はその傾向が強いため、無理に読むのは避けたほうがいいでしょう。

102ページでご紹介した「つまみ食い読書」は、自分の好みを探るためにまずは5分読んでみて、その先を読みたいかどうかを判断するという選書方法でした。

どんな本を手に取ったときでも、この読み方をして「おもしろい」「読みたい」と思ったときにだけ先に進みましょう。

少し読んでみて、合わないと思ったら読むのをやめる。

それでいいのです。

「おもしろくない」と感じながら読み続けるよりもずっと価値があるのは、次なる新たな本を開き、「おもしろい」と感じながら読むことなのですから。

Tips 09

「パンダ読み」で、深く・テンポよく読む

読むことに慣れて楽しめるようになってきたら、次に挑戦したいのは「深く読むこと」と「テンポよく読むこと」。

ここでおすすめの方法が「パンダ読み」です。

パンダ読みとは、自分のレベルに合った本の合間に、簡単な本を織り交ぜて読む方法のこと。

パンダの色はその大半が白ですが、目の周りや耳、手足といった部分が黒くなっています。

白のなかに、ところどころ黒が交ざっている。そんなパンダの配色と同じように、基本的にはレベルに合った本を読みながら、ときどきは簡単な本を選んで織り交ぜる

というのがパンダ読みの特徴です。

パンダ読みによって簡単な本を読むときには、難しい本を読むときと比べてずっとスムーズにその内容が頭に入ってきます。

想像の世界は、そうした状況になってはじめてのびやかに広がっていきます。**読解に大きなエネルギーを割かなくてもすむその状態こそが、想像のための余力が残されており、深みのある読書を楽しめる状態**だからです。

これは大人にもいえることですが、難しい本を読んでいるときというのは、その内容を解釈するので精一杯になります。それでは、登場人物の気持ちを思い描いたり今後の展開に思いを巡らせたりして、想像力を発揮する余地がありません。

そんなキャパオーバーな状態では、深みのある読書体験はできないのです。

そこで効いてくるのが、パンダ読みです。

パンダ読みをすれば子どもは、想像の翼を広げる機会を得ることができます。そんな経験を積み重ねていくうちに想像力が培われ、深みのある読書ができるようになっていきます。

また、パンダ読みで簡単な本を読んでいるときは、難しい本を読むときと比べて当然、その内容をスムーズに理解することができます。

すると、いつもよりもすんなりとその内容が頭に入ってくるという快適さを感じながら、テンポよく読み進めることが可能になります。

テンポよくスルスルと読み進めて、そのままサクッと読み終える。

その感覚は心地よい達成感につながります。**読書習慣を維持して「たくさん」「幅広く」読んでいくためには、こうしたポジティブな感覚が効果的なのです。**

Tips 10 子どもなりの「楽しい読み方」を尊重する

子どもが読書を楽しめるようになってくると、保護者の方から「飛ばし読みをしているようですが、どうすればいいのでしょうか」といったご相談を受けることがあります。

そんなときに私がお伝えするのは「**その子なりに読書を楽しんでいるようなら、自由にさせてあげてください**」ということです。

子どもの成長を見守っていると「この子はもっとできるようになるはず」という期待から指導をしたくなることがあります。

しかしその期待が大きくなりすぎると、子どもにプレッシャーを与えかねません。

大人の期待による過度な指導は、子どもの楽しみを減らすことにつながり、読書離れを招く可能性もあります。

だからこそ心がけたいのは、子どもの「楽しい」を優先してとやかく言わないこと。**子どもが安心して、自分なりに読書を楽しめる雰囲気をつくること**です。

大人の視点から見れば多少は気になる部分があったとしても、子ども自身が楽しさを感じているようなら長い目で見守ってみてください。

Case Study

子どもが飛ばし読みをしているのが気になってしまいます

子どもなりの「読み方」「楽しみ方」を受け止めよう

子どもが飛ばし読みをしていると、クセがつくのではないかと心配になるかもしれません。

しかし、もしも子どもがその読み方を楽しめているのなら、直そうとして無理やり指導をするのは悪手です。

なぜなら子どもに「〇〇しなさい」と言ったところで、子ども自身の意思がともなわなければうまくいかないことが多いからです。

ですから、たとえ子どもが、大人が理想とするような読み方をしていなくても、極力それを見守ってあげてください。

飛ばし読みをしているお子さんは、楽しそうではありませんか？

子どもの読み方が「普通はこんなふうに読むよね」という認識から外れていることも、あるかもしれません。しかし、どんなときでも「子どもがそんなふうに読んでいる」という事実をありのままに受けとめてほしいのです。

「飛ばし読みをしない」という理想の読み方を押しつけることは、「この方法で楽しく読み続けたい」という子どもの気持ちを折ってしまう可能性もあります。

そうは言ってもどうしても気になる……という場合は、読む本のレベルを下げたり、パンダ読みをしたりすることを、さりげなくおすすめしてもいいかもしれません。子どもなりの楽しみ方を尊重しながら、より良い方向を探っていけるといいですね。

本の読み方に、正解はありません。

大人は、書いてある内容を正確に受け取る読み方こそが「理想の読み方」と捉えがちなところがあります。

しかし、考えてみてほしいのです。自分なりに読み取った内容を手がかりにして、そこから自分なりの意味を受け取っていくことのほうが、実は大切だと思いませんか。

Tips 11

読書する気になれない日は簡単な本をサクッと読む

忙しかったり疲れたりしていて、本を読む気になれない日もありますよね。

そんなときにも最適なのが、やはりパンダ読みです。

気持ちが乗らないときには無理をして難しい本を読むのではなく、簡単な本をサクッと心地よく読みましょう。そうすれば、読むことに対するポジティブな感情を保てますから、読書を続けやすくなります。

「読み切った」という達成感は読書を続けていくモチベーションになります。

本を読むのが大変なときには、読み切りやすいようにレベルを下げてみる（普段よりも簡単な本を選ぶか、できれば文字数が少なめの本を選ぶ）といいでしょう。

もちろん、1日で1冊を読み切る必要はありません。最後まで読みたい本に出会えたときには、何日かかけて読み切ればOK。そのためにも、日々の読書の目標は「1日1冊」というように冊数で決めるのではなく、「1日10分」というように時間で決めるといいでしょう。

読書時間を時間で区切ると、中途半端なところで読むのをやめることになるかもしれません。しかし、意外にもそれが習慣化においてプラスに働くことがあります。たとえばドラマは、続きが気になるタイミングで「次回に続く」というメッセージとともに終わるため「続きを見たい」という気持ちが引き出されますよね。

それと同様に読書の場合も、途中で強制終了することによって「続きを読みたい」という気持ちが強くなります。そうして気持ちを盛り上げることで翌日の読書が楽しみになり、習慣化を後押ししてくれることがあるのです。

原則2
まとめ

- まずは「楽しく」読めるようになってから、「たくさん」「幅広く」読むことを目指す
- 「おもしろくない」と感じた本は、躊躇せずに読むのをやめていい
- 簡単な本を織り交ぜる「パンダ読み」をすれば、深く・テンポよく読む力をつけられる
- 飛ばし読みなどをしていても、楽しく読めていればそのまま見守る

縦方向（レベル）と横方向（ジャンル）に読書の幅を広げる

Chapter 3
How to Choose a Book That Will Get Your Child Hooked on Reading

「レベル」と「好み」を頼りにして楽しみながら読める本を見つけられるようになり、そうした本のおかげで読書習慣が身についてきたら、今度は「幅広く」読むことを目指していきましょう。

ここからは、「楽しく・たくさん・幅広く」の最終段階である「幅広く」を実現する方法をご紹介します。

ここで述べている「**読書の幅**」**には縦方向と横方向があります。読む本のレベルを幅広くするという縦方向と、読む本のジャンルを広げるという横方向です。**

難しい本を読めるようになれば、読書体験は充実します。

しかし、だからといって難しい本を読む力さえあればいいというわけではありません。絵本にしか表現できない世界観やメッセージを、みずみずしい感受性で受け取る体験は、人生を豊かにしてくれます。

読書の幅の広がり

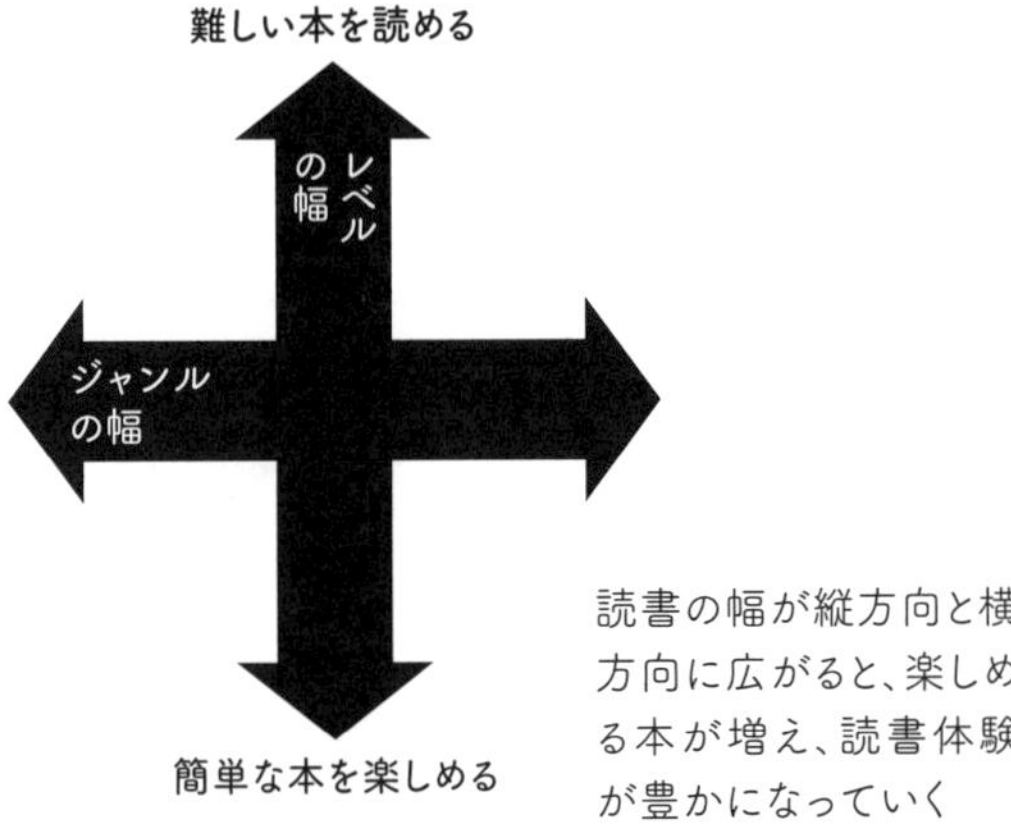

読書の幅が縦方向と横方向に広がると、楽しめる本が増え、読書体験が豊かになっていく

読む力を伸ばしてレベルを上げることができれば、読める本の幅は縦にぐっと広がり、数多くの本を楽しめるようになります。文字が少なくてやさしい絵本などはもちろん、読解力が求められる小説などまで楽しめるようになるからです。

また、読める本の幅を横に広げ、いろいろなジャンルの本が読めるようになると、読書はますます楽しくなっていきます。

反対に、幅を広げずに同ジャンルの本ばかりを選んでいる場合、読める本の数が限られてくる危険性があります。

たとえば動物の主人公が登場する本は小

学校低学年の子どもに支持されやすいことから、その年齢の子どもの読む力に合わせたものが多数出版されています。しかしそうした本への関心は成長とともに薄れる傾向があり、中学年・高学年程度の読む力に合わせたものは数が少なくなっています。

そのため、動物が主人公の本を読み続けたいと思っても中学年以降は適度なものを見つけにくくなり、「動物が主人公の本しか読みたくない」という場合は読書離れを招きやすくなるのです。

だからこそ**理想的なのは、縦方向と横方向の双方にバランスよく力を伸ばしていくこと。**

そうすることで読める本の数が増えるため、読書を豊かに楽しみ続けられるはずです。

Tips 12

「長さ」に対応する力をつける

ではここからは、読める本の幅を縦方向（レベル）に広げていく方法をご紹介します。

本のレベルの判断材料となる「長さ」と「難しさ」。

レベルアップを望んで本を選ぶときには、その2つを調整しながら負荷が大きくなりすぎないようコントロールすることが大切です。「長さ」と「難しさ」を同時に飛躍させた本を読むと、子どもは挫折しやすくなるからです。

そうした状況を避けるためにも、「長さ」と「難しさ」は一方ずつ少しずつ伸ばしていくといいでしょう。

おすすめなのは、**先に「長さ」に対応する力を伸ばすこと。**

本に夢中になり没頭している状態であれば、少しくらい長い本であっても勢いで突破できる可能性があります。

幅を広げていく順番としては、まずは「簡単だけど長い本」を読むことで長さに慣れ、次に「難しいけれど短い本」を読むことで「難しさ」に対応できるように力を伸ばしていくのが理想的です。

その後は「難しさ」は変えずに少しずつその「長さ」を伸ばしていくと、無理なく「難しくて長い本」を読めるようになっていきます。

レベルを上げるときにはこのようにして「難しさ」と「長さ」を調整し、負荷が大きくなりすぎないよう配慮するのが理想的です。

そうすることで「楽しく」「たくさん」読める状態をキープしたまま、読む本の幅を縦に広げやすくなるからです。

Tips 13

少し背伸びした「8割わかる本」で読む力を上げる

読む力を伸ばすためには、簡単すぎず、それでいて背伸びもしすぎず無理なく理解できる本を読んでいくのが効果的です。**「楽しく」「たくさん」読める状態をキープしながら読む力を強化し、少しずつ縦に「幅広く」読めるようにしていく**のです。

100%を容易に理解できる本しか読まずにいると、新たな語彙や表現、世界観などに出会うチャンスが少なくなり、世界が広がりにくくなります。

ですから理想的なのは、**少しだけ背伸びをして「8~9割を理解できる難しさ」の本に挑戦してみる**こと。

書かれている言葉の意味や文脈などがおおむねわかり、ところどころわからないところがあっても読み進められるものがおすすめです。

その場合、理解できない1～2割程度の部分を読むときには当然、負荷がかかります。しかし、**その負荷こそが読書力を伸ばすうえで欠かせないものとなる**のです。

このとき注意したいのは、難しい本にチャレンジするときは必ず、読み慣れたジャンルの本を選ぶこと。

たとえば、伝記を読んだことがない子どもに、読み慣れないうえにいつも読んでいる本よりもレベルが高い伝記を読ませたりするのはおすすめできません。

1～2割程度とはいえ、理解できない内容が含まれた本を読むと負荷がかかります。ですからときには、簡単な本を織り交ぜて読むパンダ読み（118ページ参照）をするといいでしょう。

負荷が大きくなりすぎないよう、簡単な本を読むことでバランスをとっていくのです。

Tips 14

「難しかった」を言えない見栄っ張りな気持ちを受け止める

「楽しく」「たくさん」、そして徐々に「幅広く」本を読めるようになってきた子どもは、自信がついてきます。

それはとても良いことなのですが、つい見栄を張ってしまい、難しすぎる本を読んでも「難しかった」と言えなくなることがあります。

また、本人には自覚がないものの、飛ばし読みをすることなどによって、その本の内容を理解できていない場合もあります。

子どもの好みに合った本を選んでいるはずなのに、なぜか子どもがその内容を楽しめていない。その場合はもしかすると、選んだ本が難しすぎるのかもしれません。

おもしろさを味わえるはずのオチや山場の部分を、読解できていなかったり読み飛ばしていたりすることで、楽しめなくなっている。つまり、**レベルを上げすぎたことによって「楽しく」が損なわれている状態**にあるのです。

そうした状況が続くと読む楽しさを堪能できなくなり、読書離れを招く可能性があります。

ですから、そのことに気がついたらすぐに、選ぶ本のレベルを下げてください。レベルを下げれば、再び「楽しく」読めるようになっていきます。

読む本のレベルを上げるときには、子どもが「楽しく」読めているかどうかに気を配りましょう。**子どもは見栄を張ることもありますから、その様子を見ながら適切なレベルの本を選んでいくのです。**

Tips 15

新たなジャンルの本を読むときはレベルを下げる

ここからは、読む本のジャンルを広げるときの方法をご紹介します。

たとえば、子どもたちに人気のファンタジーもの。傾向としては、小学校高学年頃に好きになる子どもが多いようです。

そうした背景もあり、保護者が「高学年になったし、そろそろファンタジーものも読んでみてほしい」と考えて、子どもにおすすめしたとします。

その後の展開としてよく見られるのが「**それまでは問題なく読めていたレベルの本なのに、うまく読めない」という現象**です。

なぜこのような現象が起こるのかというと、ジャンルが変われば、そこで使用される表現が変わるから。

そのため、慣れ親しんだジャンルであれば十分だったはずの読解力が、慣れないジャンルの同レベルの本を読むときには通用しないということが起こります。

たとえば、魔法という概念や魔法の道具として杖が使われることなどを知らなければ、スムーズに理解できないファンタジー作品もあります。

このように、そのジャンル特有の知識が不足していると読解が難しいことがあるのです。

読んでいて「わからない」という感覚は「おもしろくない」につながりやすくなります。 その流れを避けるためにも、はじめのうちは容易に読めるレベルの本を選ぶことで内容を理解しやすい状況をつくりましょう。

知らない言葉や前提が含まれている本であっても、簡単だったり短かったりすれば読むときの負荷は少なくなります。

そうすることで、「楽しい」をキープしたまま読書を続けやすくなるのです。

Tips 16

好きなジャンルとの中間地点なら新ジャンルでも受け入れやすい

それでは、子どもに「新たなジャンルの本を読んでみてほしい」と思うときには、どのように本を選べばいいのでしょうか。

子どもが「無理強いされている」と感じにくく、低リスクな方法としては「子どもが好きなジャンルとの中間地点を狙う」というものがあります。

たとえば、学園ものが好きな子どもにファンタジーを読んでもらいたい。そんな場合は、学園ものでありながらファンタジーの要素も兼ね備えた本を選んでみてください。

もともと好きで読み慣れている学園ものの本であれば、子どもは違和感なく受け取りやすくなりますし、「読んでみたい」という気持ちも芽生えやすくなります。

子どもが好きなジャンルに歩み寄り、新たなジャンルとの中間地点を意識しながら本を選びおすすめすることで、子どもが興味を持ちやすくなるのです。


とはいえ、中間地点にあるちょうどいい本を見つけるのは難しいものですよね。

そんなときはぜひ、図書館のレファレンスサービスを活用してみてください。

図書館の司書さんは、たくさんの本を知っている本選びのスペシャリストです。司書さんの力を借りて、イメージ通りの本を探し出しましょう。

依頼するときには、

「学園ものが好きな3年生の子どもがいて、今は『○○○』などを読んでいます。ファンタジーものも読んでもらいたいと思っているのですが、学園ものとファンタジーものの要素がいずれも含まれているような、おすすめの本はありませんか」

というように、子どものレベルや好み、希望のジャンルなどをわかりやすく伝えるとヒントになり、イメージに近い本を見つけてもらいやすくなります。

Case Study

恋愛ものが好きな子どもに歴史ものも読んでもらいたいです

恋愛ものと歴史ものが両方味わえる本を選ぼう

恋愛ものが好きな子どもに、歴史ものの本を読んでもらいたい。

そんなときは、恋愛ものと歴史ものの中間地点を狙ってみてください。

たとえば、歴史もののなかで恋愛ストーリーが展開していくような本なら、恋愛の部分に興味を持って「おもしろそう」と感じるかもしれません。

もしも子どもがその本を気に入ったようなら、今度はその本と歴史的背景が近い本を探してみてください。

はじめのうちは子どもが好きな恋愛の要素が含まれたものが理想的ですが、少しずつその要素を減らし、本格的な歴史ものに移行してみてもいいでしょう。

この段階での本選びももちろん、百発百中を狙うことなく、くじ引き感覚で楽しんでみてください。いろいろな本を手に取って読んでみる中で「おもしろい」と感じられるものに出会うかもしれません。

そうするうちにやがて、歴史ものも楽しく読めるようになっていくはずです。

Tips 17

「この本を読んでみて」と子どもにおすすめしない

ヨンデミーの人気コンテンツに「ブックトーク動画」というものがあります。

2人の先生が登場してお気に入りの本をおすすめし合うという内容で、その本の印象的なシーンや読んだときの気持ちなどについて語り合っています。

実はこの動画の目的は、大人たちが本について楽しく話している姿を見せること。単なる本の紹介動画ではないのです。

たとえば、好きなことに没頭し、それを心から楽しんで語るスポーツ選手などに私たちは憧れます。

子どもからすれば、全力で動画撮影を楽しみながら語りかけてくれるYouTuberも憧れの対象です。

これは本であっても同様で、本について楽しそうに会話する様子を見ることで、子どもは読書に興味を持ち、「読書っておもしろそう」「この本を読んでみたい」と思うようになります。

この「ブックトーク動画」を見たご家庭からは「普段よりずっと難しい本なのに興味を持ったようで、夢中になってあっという間に読んでいて本当に驚いた」という声が多数届いています。

つまり、**出会い方がよければ、レベルや好みを超越してその本を楽しめることがある**ということです。

子どもというのは、大人から指示をされると反発したくなるもの。

そのため、「読みなさい」と強制されたり「読んでみて」とおすすめされたりすると、読みたい気持ちが湧きにくいことがあります。

一方で、対等な立場から「**この本、おもしろいんだよね**」**と目を輝かせて感想を伝えられると、子どもの心は動きやすくなります。**その結果、自分の意思で本を手に取り、前向きに楽しめることがあるのです。

もしも子どもにおすすめしたい本があれば、子どもと対等な立場の読書家としてその本のおもしろさを素直に伝えてみてください。そうすれば子どもは、自然とその本に興味を持つはずです。

原則3 まとめ

- 読書の幅には、縦方向（レベル）と横方向（ジャンル）がある
- 長い本を読む力を伸ばしてから、難しい本に対応できるようにするのがおすすめ
- 「8～9割が理解できる難しさ」の本を読むと、読む力を伸ばしやすい
- 慣れないジャンルの本は、いつもなら読めるレベルのものであっても難しく感じることがある

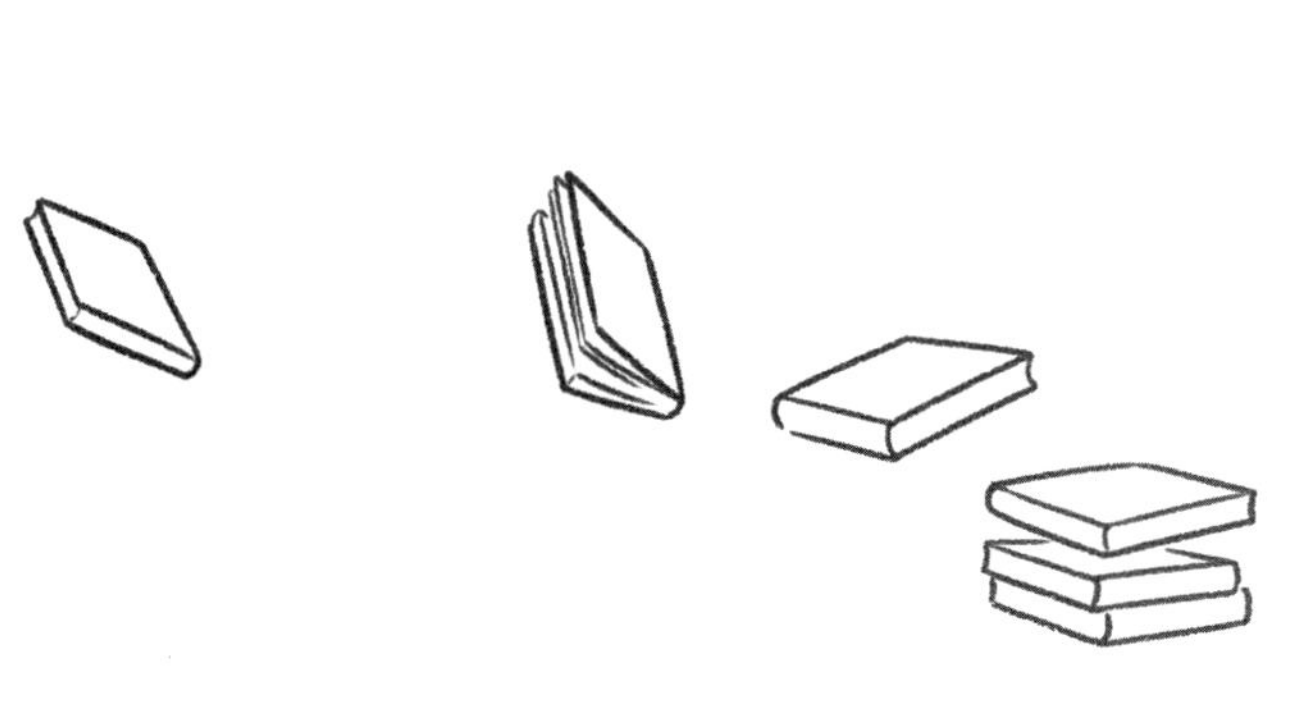

ある子どもの「読む力」と子ども向けの本のレベルの分布

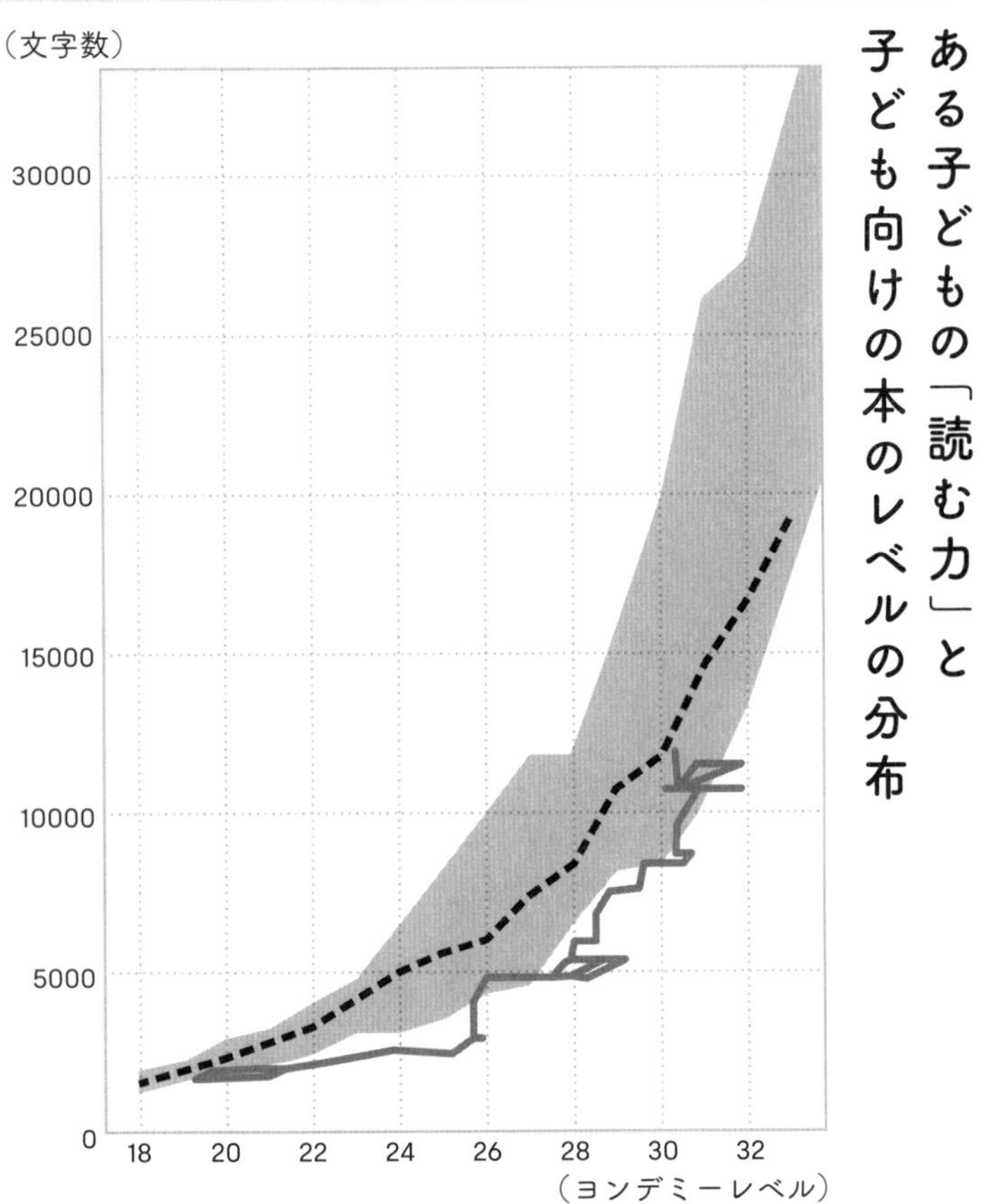

子ども向けの本のヨンデミーレベルごとの平均的な文字数
子ども向けの本のヨンデミーレベルと文字数の分布
ある子どもの読む力

右は、ヨンデミーが調査した子ども向けの本の「文字数」と「難しさ（ヨンデミーレベル）」を数値化してグラフにしたもの。グラフの右側にいくほど難しく、上側にいくほど文字数が多くなっていきます。

子ども向けの本の多くは、グレーのエリアに分布しています。このエリアを通るように読む力を伸ばしていくと楽しく読める本の数が多くなるため、心の成長度合いに合った本にも出会いやすく、読書体験を豊かにしやすくなります。

最も理想的なのは、グレーのエリア内にある点線に沿って読む力を伸ばすこと。そうすることで、たくさんの本をバランスよく楽しめる可能性が上がります。

たとえばこのグラフの子どもの場合、読む力を示す線がグレーのエリアの下限あたりを推移しています。

このことから、読解レベルのわりに長い本が苦手な傾向があるため、楽しく読める本の数が限られている状況であることが読み取れます。

そうした場合は、簡単で長い本を読む経験を積むことによって長さに対応する力をつければ、読める本の数が大幅に増えるため、読書を楽しみやすくなります。

もしも**「子どものレベルに合う本が少ない」と感じたら、その原因は対応できる読む力が「難しさ」「長さ」のいずれかに偏っている**（グラフの点線から離れた位置にいる）可能性があります。

そんなときは「難しさ」「長さ」のバランスがとれるよう意識しながら、読む力を伸ばしていくといいでしょう。

Column 2

『かいけつゾロリ』の後に読書が止まる「アフターゾロリ問題」

小学生の子どもがぶつかりがちな読書の壁。それが「アフターゾロリ問題」です。

子どもたちに不動の人気を誇る『かいけつゾロリ』。

数々の人気シリーズを展開するこの作品には毎回、魅力的なキャラクターたちが登場。ワクワクするストーリーで子どもたちの心を掴んでいます。

この『かいけつゾロリ』には、ユニークな仕掛けとともに印象的なイラストがたっぷりと添えられています。そのため、ビジュアルによる補足情報が多く、内容を完全に理解できなくても楽しめるというのも大きな特徴です。

自分で本を読めるようになった子どもは、そんな**ゾロリシリーズは楽しめても、その後の読書が続かない**ことがあります。

それが、「**アフターゾロリ問題**」です。

この問題の原因は、ゾロリシリーズと同じように楽しめて、その後のステップアップにぴったりな本を見つけにくいことにあります。

ゾロリシリーズのような絵本やマンガに近い刺激的なビジュアルに慣れてしまうと、文字ばかりの見た目の本にものたりなさを感じてしまうことがあります。また、ストーリーを読み込まなくても楽しめる状態に慣れてしまうと、読み込みが必要な物語のおもしろさを理解できないこともあります。

ワクワクできる本に出会えなくなると、読書を「おもしろい」と思う気持ちがしぼんでしまいます。そうしてやがて、本を手に取らなくなってしまうのです。

ゾロリシリーズの後にも読書を続けていくためには、この作品の特徴である「マンガ調の絵が豊富に添えられており、ビジュアルによる補足情報が多い」「ストーリーを完全に理解できなくても楽しめる」という点の次のステップに着目して本選びをしてみるといいかもしれません。

そうすると、**次のステップで読みたい本としては「絵が少ない児童書」「しっかりと**

ストーリーを楽しめる本」という2つの方向性が見えてきます。

「絵が少ない児童書」へのステップを踏むのであれば、「絵は少ないものの読解の難しさはそれほどではなく、文字数も少なくて読みやすい本」を選んでみるといいでしょう。そうした本の中でも、ゾロリシリーズと共通する要素（ユーモラスなキャラクターが登場するなど）が含まれた本をピックアップすれば、楽しく読める可能性は高まります。

「しっかりとストーリーを楽しめる本」へのステップを目指すなら、「絵本ではあるもののビジュアルの刺激は控えめ。読解の難しさはそれほどではないがある程度の文字数がある」という本の中から、ゾロリシリーズとの共通項があるものを探してみるといいかもしれません。

4章

「読みたい！」を引き出す ハマるきっかけの つくり方

Chapter 4
How to Create
Engaging Opportunities
To Get Into Reading

「褒めてもらえる」がきっかけでもいい

本に興味を示さなかった子どもが、自ら本を読むようになる。そのためのきっかけは、どうすればつくれるのでしょうか。

行動を起こすための動機づけには、2種類のものがあるといわれています。それが「外発的動機づけ」と「内発的動機づけ」です。

外発的動機づけとは、外部からの働きかけによって動機をつくること。たとえば、ご褒美を示すことで子どものやる気を引き出すほか、叱ったり罰を与えたりすることで行動を促すのが、外発的動機づけにあたります。

さらには、褒めることもまた外発的動機づけの一種です。

「褒めて育てる」という教育法にはもちろんメリットもありますが、大きなデメリットも存在します。

それは、子どもが「褒められる」というご褒美を目当てに行動するようになり、褒められなければモチベーションが上がらなくなってしまうことです。

子どもは、たとえ直接的な褒め言葉がなくても、大人の表情や態度から「褒められている」という空気を感じとることがあります。すると、その空気を外発的動機として行動するようになることもあります。

褒めることも、そして、ご褒美や罰を与えたり、叱ったりすることも、状況によっては決して悪いことではありません。

ただし、そうした**外発的動機づけによって本を読んでいるのなら、動機がなくなればすぐにやめてしまう**のは確かです。ご褒美や罰がなければ、読む理由がなくなってしまうのです。

そんな外発的動機づけに対して**内発的動機づけは、誰かの言動に影響を受けることがありません。自身の内面から湧き上がる興味や関心、意欲などが源泉となっている**からです。

自分の意思で本を読み続けられるようになるためには「読書って楽しい!」と感じ

る経験が欠かせません。

楽しいから、読みたくなる。
読んでいると、得意になる。
得意だから、読むのがもっと楽しくなる。
そうやって次々に**「楽しい！」が連鎖して、次の本を手に取る動機になるのです。**

Tips 18

はじめはご褒美目的でいいと割り切る

ご褒美で子どもを釣って、本を読ませる。

その方法に罪悪感を持つ人もいるかもしれません。しかし、読書に興味を持つきっかけをつくるうえでは、決して悪い方法ではありません。

ただし、ご褒美に頼り続けることにはリスクがあります。そうすることによって子どもは、ご褒美がなければ本を読まなくなるからです。

ですから理想的なのは、**はじめのうちはご褒美で釣りつつも、ご褒美がなくても「読みたい！」という気持ちが湧くよう導いていくこと。**

外発的動機づけから、内発的動機づけへと移行していくことです。

たとえばヨンデミーでは、ミニレッスンを受けるとスタンプがもらえたり、本の感想を送るとバッジがもらえたりする仕組みになっています。また、レベルが上がると紙芝居のようなアニメーションを楽しめるようにもなっています。

そうしたちょっとしたご褒美によって、読書への意欲が湧きやすくなるのです。

ご家庭であれば、「10分読めたらカレンダーにシールを貼ろう」「1冊読めたら好きなお菓子を食べよう」といったご褒美を設定してみるのもいいかもしれませんね。

はじめのうちはそうしたご褒美を目的に読書をはじめて、ゆくゆくはご褒美がなくても継続できるようにしていけばいいのです。

Tips 19

「驚く」リアクションで褒める

大人に褒めてもらうことは子どもにとって、おかしやおもちゃ、おこづかいをもらうのとは異なる「ご褒美」になります。

褒められて「私はこれが得意なんだ」と思えると、子どもは頑張れるようになっていきます。

ただし、そのご褒美を継続しすぎることにはリスクがあります。そこで、リスク軽減のためにもおすすめしたいのが「驚いてみせること」。

褒めるという行為は「〇〇できたから褒めてあげる」という、条件つきで子どもを認める言動になりがちです。

それに対して**驚くという行為であれば、ありのままの子どもの状態を認めることに**

つながります。

そのため、ご褒美を求める気持ちになりにくいのです。

また、ただ褒められるよりも大人に驚かれるほうが、すごいことをしたという実感が湧いて喜びを感じることができます。その実感が自信になり、やがては自ら読みたいという気持ちにつながることもあります。

「読書をした子どもの様子に驚く」という保護者にとってはささやかな行動が、子どもが自ら本を読むきっかけをつくることがあるのです。

ただしこのとき、ひとつ気をつけていただきたいことがあります。

それは、読めた本のレベルに応じた態度で褒めたり驚いたりすること。

小説を読んでも絵本を読んでも同じ驚き方をしていると、子どもはその裏にある大人の思惑を見抜いてしまいます。

子どものレベルを把握したうえで適度な驚きを見せる必要があるのです。

原則4
まとめ

- ご褒美目的の読書からスタートして、徐々にご褒美なしでも読めるようにしていけばいい
- 「褒める」よりも「驚く」のほうが低リスクで効果的なご褒美になる

ルールと目標をちょっとだけつくってみる

Chapter 4
How to Create Engaging Opportunities To Get into Reading

家族で読書タイムのルールを決めたり、子ども自身が「達成したい」と思える目標を立てたりすると、それも読書の動機になります。

そのときのルールや目標は、難しすぎるものにしないことが重要。ほどほどの力でスルッと達成できるようなものを「ちょっとだけ」つくるのがポイントです。

難度の高いルールや目標をクリアできれば、自信がつきます。

しかし、そうしたルールや目標に立ち向かうためには、気合いやパワーが必要だと思いませんか。

たとえば、読書習慣も身についていないのにいきなり「1日3冊本を読む」と決めたところで、負荷が大きすぎますから挫折する危険性が高いでしょう。

ですからまずは、簡単にクリアできるような目標やルールをつくること。**「これならできる」「これならやってみたい」と思えるものを、子ども自身が納得して設定する**のがおすすめです。

はじめのうちは、「本に触る」「表紙を眺める」「1日1ページだけ読む」といったささやかな内容でもかまいません。

それに対して「達成したい」という気持ちで臨み、「達成できた」という満足感を得ることが、その後の動機につながっていくのです。

Tips 20

読書タイムのルールを家族で決める

読書をはじめたばかりの頃であれば、まずは「1日10分」というように読む時間を確保するといいでしょう。

できれば**家族のルールとして、子どもと一緒に決定できると理想的**です。

この読書タイムにおいて重要なのは、子どもが自分の意思で読んでいるという実感を得られること。

そのためにも、その読書タイムでどの本を読むのかは子どもにまかせましょう。ルールは時間だけ。本は自由です。

何冊かの本がある場合は、その中から子ども自身が「今日読む本」を選んでもいいでしょう。保護者がおすすめしたい本があるときは、それらの本の中に候補として加える程度にしてください。

とにかく大切なのは「**自分が読みたい本を自分の意思で読んでいる**」という感覚。「**無理やり読まされている」と感じさせない**ようにしましょう。

読む本はもちろん、その日のうちに最後まで読み切らなくてもかまいません。

はじめのうちは、

「ここにある5冊のうち、一番気になる本を選んで10分だけ読んでみよう」

「この本のなかから、好きなページを見つけてそこだけ読んでみよう」

といった声かけをしてみてください。読書のハードルが下がって挑戦しやすくなります。

Tips 21

読書記録やカレンダーを一緒につける

ヨンデミーでは、ミニレッスンを受けるとアプリ上のカレンダーにスタンプをもらうことができます。

また、ミニレッスンを受けたり、本を読んで感想を提出したりすると「何日連続でできたのか」がすぐにわかるようになっているほか、これまでに読んだ本の表紙が一覧できるようになっています。

こうした記録があることによって、子どもはそれを見るたびに達成感を得ることができますし、スタート時との差に気づいて自分の成長を実感することもできます。

その実感が、自分へのご褒美にもなり、「もっと読みたい」という意欲にもつながっていくのです。

ヨンデミーの読書記録。アプリ上のカレンダーにスタンプをもらえるからやる気が続きます。おうちでも読書記録やカレンダーをつけてみましょう。

ご家庭で読書記録をつけるときには、１０９ページでご紹介したような記録を、子どもも自身がつけてみるのもいいですね。

そのほか、カレンダーを使うのもおすすめです。ラジオ体操のスタンプを集めるような感覚で、読書をした日はカレンダーにシールを貼ったり色塗りをしたりするのもいいですね。

Tips 22 子ども自身に目標を決めてもらう

達成したくなる目標づくりをしてみるのもおすすめです。

「連続読書記録5日を目指そう」「来週までに5冊の本を読もう」というように、その時点の子どもにとって無理のない目標を立ててみるのです。これまでの読書経験を参考にして、クリアできそうなものを設定するといいでしょう。

ただし**その目標は、子どもと一緒に決めること。**

168ページでご紹介した「家族の読書タイムのルール」と同じように、子どもと一緒に考えて、最終的には子ども自身が納得したものを目標として設定してください。

誰かが勝手に決めた目標を追わされるのと、自分が「達成したい」と思った目標を追うのでは、気持ちが変わると思いませんか。

だからこそ重要なのは、子ども自身が決めること。

大人にノルマを課せられたからではなく、自分で決めたから。子ども自身が自分の意思で目標に向かうことが大切なのです。

子どもの思いに耳を傾け、共感し、そして、子ども自身が決めた目標に向かう姿を見守りましょう。

Case Study

目標に向かう子どもをうまくサポートする方法を知りたいです

達成感を味わうサポートをしよう

子ども自身が目標を決めたら、大人にできるのはそのサポートです。できれば、途中経過がわかるように手助けをするといいでしょう。

理想的なのは、**目標達成までの道のりを実感できる仕組みをつくること。**

「連続読書記録5日を目指そう」という目標なら「あと○日で達成」、「来週までに5冊の本を読もう」という目標なら「あと○冊で達成」というように、**ゴールまでの距離をわかりやすく示すと子どものモチベーションが上がります。**

具体的な方法としては、カレンダーにシールを貼ったり、読書記録に通し番号を振ったりするとわかりやすいかもしれません。そうすることでこれまでの道のりが明確になり、目標までの距離も意識しやすくなるので、自信にも励みにもなるはずです。

カレンダーのシールや読書記録の通し番号は、子ども自身が見れば即座に「これだけできた！」という実感につながります。

子どもを褒めるときに大切なのは「即座に」ということ。

いいことをした場合は即座に褒めると、子どもは「いいこと」と「褒められたこと」を結びつけやすくなります。そうすることで、「褒められた」という実感をその後の行動に反映させやすくなるのです。

カレンダーのシールや読書記録の通し番号があれば、大人が褒めなくても子ども自身が即座に「よく頑張った！」と自分を褒めることができるため、その効果はさらに高まります。

目標を達成できれば自信につながります。

大人が過度に介入することなく達成した場合には、さらに「自発的に行動して達成できた」という実感が高まります。
その実感が次の目標に向かう力になるのです。

原則5
まとめ

- ルールや目標は簡単にクリアできるものでいい。達成して満足感を得ることが「読みたい」気持ちにつながる
- 「自分の意思で読書をしている」という子ども自身の実感が大切
- 読書記録をつける中で味わえる達成感がご褒美になる
- 目標は子ども自身が決めて、大人は達成に向かう子どもを見守る

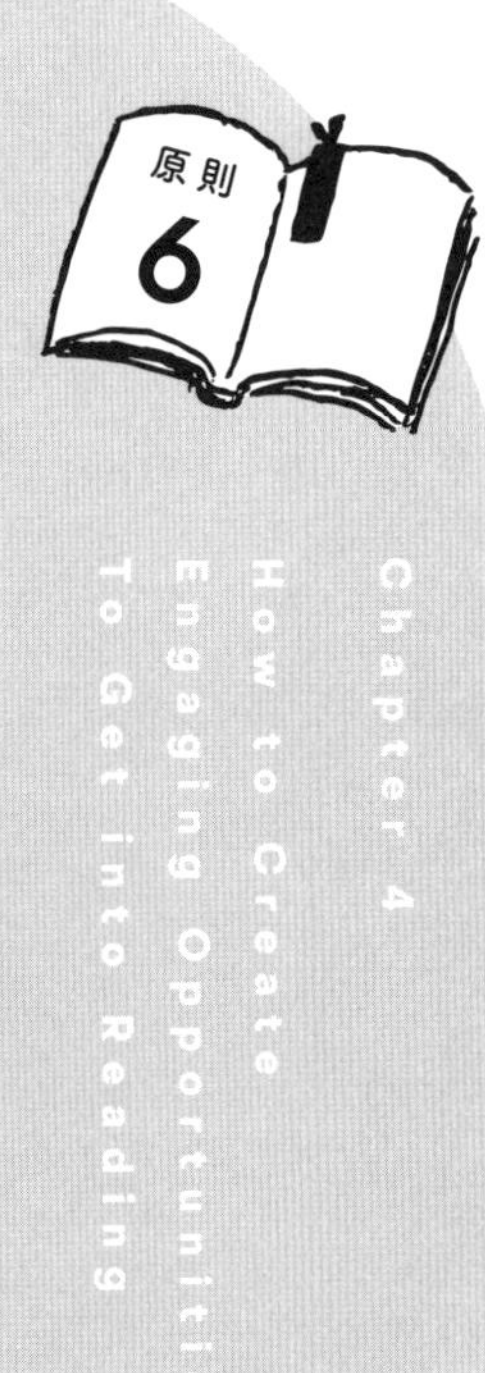

内面から出てくる「楽しい！」が読書のきっかけになる

自分の意思で本を読み続けるためには「読書って楽しい！」と感じる経験が欠かせません。

楽しいから、読みたくなる。

読んでいると、得意になる。

得意だから、読むのがもっと楽しくなる。

そうやって「**楽しい！」が連鎖して、次の本を手に取る動機になる**のです。

本を読むことによって新しいことを知る。そして、読むことを通して受け取ったものを起点に考える。心に刺激を受けて感じる。

そうした楽しさを知ると子どもは、さらに読み進めていきたいと思うようになります。

ストーリーを追って楽しむだけではなく、その先にある「知る」「考える」「感じる」という楽しさを追い求めるようになるのです。

Tips 23

リーディング・ゾーンを体験させる

「読書って楽しい！」と強く実感できる、魔法のような状態があります。

それがリーディング・ゾーンです。

本の世界に没頭している状態は、リーディング・ゾーンと呼ばれています。

「夢中になって読んでいたら、いつの間にか何時間も経っていた」

「周囲の声かけや物音にも気がつかず、自分の世界に入り込んで読み続けていた」

多くの読書好きが経験したことがあるこの状態がリーディング・ゾーンです。

このゾーンに入っているときには、読むスピードが加速するうえに読解力が上がっています。時間が経つのも忘れ、周りの声も耳に入らないほどの集中力を発揮して物語の世界に入り込んでいます。

「本って楽しい！」を全身で体感している状態なのです。

リーディング・ゾーンに入っていると、普段であれば難しさを感じるような読み応えのある本でも、スラスラと読むことができます。

読解力が高まっていることによってハイレベルな本を読めるため、新しい語彙や表現を獲得することも可能になります。

リーディング・ゾーンとは、読書を好きになるきっかけはもちろん、読書を通じた飛躍的な成長ももたらしてくれる状態なのです。

リーディング・ゾーンを体験すると、心の中の「読書好き貯金」が増えていきます。

この貯金は楽しい読書を体験するたびにどんどん増えていきます。そして、貯まれば貯まるほど、リーディング・ゾーンに入りやすくなるという好循環が生まれます。

たっぷりと貯金ができると、それは「読書が好き」という気持ちが常にある状態です。「読書は楽しいもの」という前提があって本を読むようになるわけですから当然、楽しめる可能性は高まりますよね。

自転車に乗るコツが一度掴めると、その後は何度でも簡単に自転車に乗ることができます。それと同様に、ひとたび「読書好き貯金」が増えると、あとはスムーズに読書を楽しめるようになります。

そしてもちろん、リーディング・ゾーンにも入りやすくなるのです。

Case Study

リーディング・ゾーンは、どうすれば体験できますか

リーディング・ゾーンに入りやすい環境を用意しよう

リーディング・ゾーンには、いつでも簡単に入れるわけではありません。大前提として、子どもに合った本選びができている必要があります。

そして、リーディング・ゾーンに入るためには、30分程度の助走時間も要します。

つまり、リーディング・ゾーンを経験するためには**子どものレベルと好みに合った本と、30分以上のゆとりある時間が必要**だということです。

子どもにその経験をしてほしいと思うなら、「休日前の夜は時間を気にせず本を読んでもいい」といったルールを決めておくのもいいかもしれませんね。

リーディング・ゾーンを体験して本の楽しさに目覚めれば、子どもは自然と読書に興味を持つようになります。

ですから、子どもがこのゾーンに入れたら、読書好きになれる大チャンスが到来しているということ。食事などの時間が少しくらい遅れても、できることならこのチャンスを掴みとり、読書を好きになれるよう背中を押したいところです。

Tips 24
読むときのワザを教える

たとえば、サッカーを観戦するには最低限サッカーのルールを知っている必要があります。さらに、戦術に関する知識があったり、チームや選手について知っていたりすれば、もっと深く観戦を楽しめますよね。

サッカー観戦を楽しむために知識が必要なのと同じように、読書を楽しむためにも、読むための知識が必要です。

とはいえ読書のワザといっても、ピンとこないかもしれません。なにしろ多くの人が、教わる機会もないまま自分なりの方法で読むしかなかったのですから。

読書のワザは、読書経験を積み重ねていけば自然と掴めることもあります。ただし、そのワザをうまく掴めなければ、読書を好きになれないまま本から離れてしまうこともあります。

だからこそ、子どもにワザを伝えることには大きな意味があります。そうすることで早く読書を楽しめるようになり、どんどん読書を好きになってくれるからです。

ヨンデミーではミニレッスンを通して読書のワザをお伝えしています。その代表的なものが202ページでご紹介する「どくしょかの7つのワザ」です。

ここからは「どくしょかの7つのワザ」のひとつである「おもいえがく」についてご紹介しましょう。


どくしょかのワザ「おもいえがく」は、五感を手がかりにして頭の中に具体的なイメージを描くワザです。


たとえば森の中にいるシーンがあれば、そこでどんなものが見えるのか、どんな音が聞こえてどんな匂いがするのかなどを想像してみます。

そうして鮮明なイメージを描きながら読書を楽しむと、どうなるでしょうか。

本の世界に深く入り込むことができますから、内容についての理解も深まり、記憶にも残りやすくなります。読んでいるときはもちろん、読んだ後にもイメージを広げていくことで、その世界観を深く味わうことができるようになります。

「おもいえがく」のワザをうまく使っている人は、聴いたり読んだりする言葉を手がかりにして頭の中に具体的な映像などを描き出しています。まるで自分だけの映画を観ているような状態になるのです。

そして、そうしたイメージを他の人に伝えて共有することで、一緒にその世界を楽しむこともできるようになります。

もしも子どもが本を読みながら、五感を使ってそのシーンを思い描いていることに気づいたら、「どくしょかのワザ『おもいえがく』を使っているんだね！」と声をかけてあげてください。

そのワザをうまく使えているという自覚が、さらに意識的に「おもいえがく」ことへとつながっていくはずです。

原則6
まとめ

- 「読書って楽しい！」という気持ちが本を読む動機になる
- リーディング・ゾーンは、本の魅力を全身で体感できる魔法のような状態
- 本を読むときのワザ（「どくしょかの7つのワザ」など）を知れば、読書を好きになりやすい

「私は読書家」という アイデンティティを 子どもに

読書を通して新しいことを知ったり、深く考えたり、感じたりする楽しい時間。
それは、日々の暮らしを鮮やかに彩ってくれます。
そしていつしか子どもは、読書によって人生そのものが豊かになっていることを体感するようになります。

読書の楽しさを知り、内発的動機づけによって本を読むようになった子どもは、「楽しい！」の連鎖によって自発的に本を手に取るようになります。

しかし内発的動機づけは、誰にでもすぐにできるものではありません。
ですからまずは、外発的動機づけによって読書をはじめてみてください。そうして**本を読み続ける中で徐々に、内発的動機づけへと移行していけばいい**のです。

そのときに支えになるのが「自分は読書家だ」というアイデンティティです。

自分ならではの強みを見つけて認めてもらいたい。
子どものみならず誰もが、そんな願いを持っているのではないでしょうか。

しかし「上には上がいる」という偏差値至上主義の世界の中で子どもは、保護者や先生といった周囲の大人に認めてもらえる機会はめったにありません。自分の強みを見出してもらいアイデンティティを確立するのはとても困難です。

少しくらい成績がよくなっても、周りから認めてもらう経験は得られないため、アイデンティティの確立につながらないのです。

そこで効いてくるのが「読書家になること」です。

アイデンティティを確立しづらい世界で生きる子どもであっても、読書をしていると無条件でその行動を認められ褒められる経験が得られます。

読書は、子どもに点数をつけて評価することがありません。そして読書をしていれば、誰かと比べて評価されることなく「読書家だね」と認めてもらえるようになります。

このアイデンティティは子どもの心に大きな影響を与えます。

「ぼくは読書家だから（動画やゲームよりも）本を読むんだ！」という誇りが「もっと読みたい」という内発的動機を生み、そうしてさらに読むからこそ、読書家というアイデンティティは強まっていきます。

ひとたび読書の楽しみを知り、読書家というアイデンティティを手にすれば、ずっと読み続けていけるのです。

Tips 25 「さすがは読書家だね！」の声かけが真の読書家を生む

子どもがなかなか本を読まない。読書に対する苦手意識が強い。

そんな悩みをお持ちの場合にまずおすすめしたいのが、**「さすがは読書家だね！」と声をかける**ことです。

「そんなことで何が変わるのだろう」と不思議に思われるかもしれません。

しかし、日々の声かけによって読書家の自覚が芽生えると、子どもの行動は驚くほど変わっていきます。

「立場が人をつくる」という言葉があります。

「保護者だから頑張れる」「リーダーだから頑張れる」という気持ちを経験したこと

がある方も、多いのではないでしょうか。

その立場に立たされたからこそ責任感が生まれ、行動が変わり、そしていつしかその立場にふさわしい人になっていく――。

立場にはそんなふうに人を変える力があります。得意・不得意にかかわらず頑張るパワーをもたらして、その人の行動も、そして内面も変化させてしまうのです。

ですから、子どもに本を読んでほしいなら「自分は読書家だ！」と思ってもらうことが効果的です。そうすれば自然と、**読書家としての自覚が子どもを本物の読書家へと変えていく**からです。

まずは子どもに話しかけるときに、「読書家」という言葉を意識的に使ってみてください。

ヨンデミーではミニレッスンを通して子どもとコミュニケーションをとっているのですが、私たちはその中で子どものことを「読書家の〇〇さん」と呼んでいます。

さらには、「読書オリンピックで金メダルだね」「〇〇さんの読んだ本でピラミッドがつくれちゃう！」というように、読書家としての意識が高まるようなメッセージを届けるようにしています。

また、子どもの行動と読書を結びつけるような声かけも有効です。

子どもが少しでも本を開いていれば、たとえそれがマンガや絵本であっても「○○ちゃんは本が好きなんだね」と話しかけてみてください。

そうした積み重ねによって少しずつ「私は本が好きなんだ」という思いがふくらみ、読書への抵抗感が薄まっていくはずです。

このようにして声かけを続けるうちに、**子どもには「自分は読書家だ！」という意識が育まれ、読書をしている自分に対する誇りも持てるようになっていきます。**

その誇りがあるからこそ、次の1冊を読む。

読めば読むほど成長するので、さらに誇りを持てる自分になる。

その繰り返しによって、子どもはますます読書家になっていくのです。

Tips 26

読書家への憧れが子どもを読書家にさせる

子どもにとって保護者は、最も身近な憧れの大人です。**大人が楽しそうに取り組んでいることを、子どもは真似してみたくなるもの。**楽しそうに本を読み、その内容についていきいきと話す大人の姿は、「本を読みなさい」という言葉よりもずっと力強く子どもの心を動かすはずです。

たとえば、サッカーが大好きな保護者と一緒にいると、子どももサッカーに憧れやすくなりますよね。

そんな子どもは「サッカーをしなさい」と言われなくても、そのうち自らプレイしたいと思うようになります。家族でサッカーをしたり、サッカーのことを話したりするのを楽しむようになります。

読書の場合も同じです。

本を楽しむ大人が近くにいれば、子どもは憧れて読書に興味を持つようになります。それが「本を読みたい」という気持ちにつながっていくのです。

Case Study

保護者は子どもの前で、読書する姿を見せたほうがいいですか

眺めるだけでもいいので楽しそうにしよう

1章でご紹介したように、子どもは読書によってさまざまな力を培うことができます。

だからこそ、子どもには読書家になってほしい。そのためにも、保護者としてお手本を示したい。

そう思われるのは、すばらしいことだと思います。

とはいえ、多忙な毎日の中でゆっくりと本を読む時間をつくるのはなかなか大変ですから、厳しさを感じる方もいらっしゃることでしょう。

しかし、大袈裟に考える必要はありません。

読書の時間は、ほんのわずかでも大丈夫。その間に1冊を読み切る必要はもちろんありませんし、大人だからといって難しい本を選ぶ必要もありません。

それどころか、実際には読んでいなくてもかまいません。絵本や雑誌を楽しそうに眺める姿を見せるだけでもいいのです。

大人がこんなにハマっているのなら、きっと読書って楽しいんだろうな。

そう思うだけで子どもは、本に向き合う大人の姿に憧れ、読書に興味を持ちやすくなるはずですから。

Tips 27

先生や友達のリアクションがアイデンティティを強くする

読書が習慣化してくると、子どもには「私は読書家だ」というアイデンティティが生まれるようになります。

そうなってしまえば、大人によるサポートやご褒美はもう必要ありません。「気になる本があるから」というだけではなく「読書家だから」という理由で本を読みたい気持ちが芽生えてくるからです。

では、アイデンティティの確立のためには、どうしたらよいでしょうか。それには、人から認めてもらう経験が不可欠です。

保護者や先生、友達といった周囲の人たちから「たくさん本を読んでいるんだね」「読書家だね」と褒めてもらい、認めてもらう。この経験が「読書家というアイデン

ティティ」を形成していくのです。

現代の子どもたちのまわりには、YouTubeやゲームなど魅力的なコンテンツがあふれています。しかし、それらを楽しんでいても大人に褒められることはめったにありません。

ただし読書は違います。

本を読んでいれば褒めてもらえますし、大人から認めてもらえます。

するとそれが「読書家というアイデンティティ」につながっていくのです。

「読書家というアイデンティティ」があれば、本に向かう気持ちは強くなります。

たとえYouTubeを見たいと思っていても、「私は読書家だから、YouTubeじゃなくて本を選ぶ」という子どももいるほどです。

アイデンティティにはそれほどまでに、子どもの行動を変える力があるのです。

原則6
まとめ

「私は読書家」というアイデンティティが本を読む動機につながる
人から「読書家」と認められることでアイデンティティが確立される。読書家としての自覚が、子どもを本物の読書家にする

Column 3

どくしょかの7つのワザ

「どくしょかの7つのワザ」は、『読む力はこうしてつける』『Strategies that works』などの書籍を参照し、ヨンデミー流にアレンジを加えてまとめた読書テクニックです。

その内容には、「**おもいえがく**」「**つなげる**」「**しつもんする**」「**よそうする**」「**みとめる**」「**みきわめる**」「**かいしゃくする**」**の7つ**があります。

これらのワザは、読書に親しんだ人であれば無意識のうちに本を読みながらやっていることばかり。しかし、本を読みはじめたばかりの子どもは、こうしたワザをうまく活用できていないことがあります。

そこでヨンデミーでは、活用することによって読書の楽しみが大きく広がるこれらのワザを、ミニレッスンなどの中で紹介しています。

ご家庭でおすすめしたいのは、子どもがそのワザをうまく活用できたときに、

どくしょかの7つのワザ

おもいえがく

からだのかんかくをつかって
あたまのなかにイメージをえがく

つなげる

じぶんのしっていることと
つなげてよむ

しつもんする

しつもんしてほんのいみを
ふかくりかいする

よそうする

じっさいにはかかれていない
ぎょうかんのいみをよみとる

みとめる

じぶんのただしさやまちがいを
みつけてかんがえをふかめる

みきわめる

ほんのだいじなところを
みつけながらよむ

かいしゃくする

ないようをまとめたりじぶんの
かんがえをつけくわえたりする

「表紙を見て『よそうする』のワザを使って本を選べたね」
「この本を読みながら『おもいえがく』のワザを使ったんだね」
というように、さりげなく伝えること。

そうすることで子どもは、気負うことなくこれらのワザを意識することができますし、自分の成長を実感しやすくなっていきます。

186ページでは「どくしょかの7つのワザ」の「おもいえがく」についてお伝えしていますので、ぜひ参考にしてみてください。

Column 4

「誰かのため」が読み続ける理由になる

「読書家というアイデンティティ」を築いた子どもが、さらに読書への熱を高めるためには、どんな要素が必要なのでしょうか。

夢中になれる本との出会いや、憧れの読書家からの褒め言葉などは、読書への思いを強くさせてくれるかもしれません。「勉強ができるようになる」「将来的に役に立つ」といった読書の効果も、魅力的なものではあるでしょう。

しかし実は、それらを差し置いて子どもを読書へと駆り立てるものがあります。それが**「誰かのために」という利他の心**です。

読書経験を積み、さまざまな世界観や価値観に触れてきた子どもであれば理解できることと思いますが、**本を読むのは自分のためであり、誰かのためでもあります。**

たとえば本には、多種多様なキャラクターが登場します。

読書をすると、それらのキャラクターを通して「こんな考え方をする人もいるんだ」「この言葉で傷つく人もいるんだな」などと気づくことができます。

そうした経験があれば、身近な人のことを理解しやすくなったり、自分の言動を改善できたりします。

すると子どもは、読書は自分だけではなく周囲の人たちの幸せに役立っていると気づけます。本を読むことが、誰かのためになるのです。

ヨンデミーの読書教育では「読書をすればその本に命が吹き込まれ、幻の巨大図書館を復活させられる」というストーリーを組み込んでいます。

そうすることで子どもの心には、「自分のためだけではなく、幻の巨大図書館のために読もう」という気持ちがわいてくるようです。

5章

ずっと「読書家」でいるために習慣化できる環境のつくり方

Chapter 5
How to Make an Environment That Encourages to Be a Lifelong Reader

「読書したい」と感じるきっかけをちりばめる

子どもが「本を読みたくない」と感じるきっかけは、あらゆるところに潜んでいます。

たとえば子どもに「本を読みなさい」と声をかければ、それは読書のきっかけになり得ます。

しかし、読書を強制されたことによって子どもには抵抗感が生まれ、「読みたくない」という気持ちが強くなってしまうことがあります。

また、たとえ「本を読んでみようかな」という気持ちが湧いたとしても、そのとき手元におもしろそうな本がなければ「読んでも楽しくなさそう」と感じて、読書を断念してしまうこともあります。

そして、「本を読んでみようかな」という気持ちとおもしろそうな本が揃ったところで、十分な時間がなかったり、本よりもおもしろそうな動画が目の前にあったりすると、「今は本を読むべきではない」と判断してしまうこともあります。

そうした**リスクを回避して自分の意思で本を読めるようにするためには、きっかけを生みだす環境づくりが必要**です。

さらには、そのきっかけを起点としたポジティブなイメージが浮かぶようにすること、そして、本を読むことのハードルを下げておくことが求められるのです。

Tips 28

目と手が届くところに本を置く

子どもはどんなときに「本を読もう」と思うでしょうか。

それは、目と手が届くところに本があり、興味を持ったときです。

よほど読書が好きな子どもではない限り、そうしたきっかけがなければ読書への意欲をかきたてられることはないと考えていいでしょう。

子どもはとても気分屋です。

たとえ読書好きな子どもであっても、いつでも「本を読みたい」と思っているわけではありません。読書をはじめたばかりの子どもであれば、なおさらです。

そこで得策なのは、**「本を読みたい」という気持ちが湧いたときにそのチャンスを**

逃さず掴めるよう、常にそのきっかけを供給しておくこと。

目と手が届くところにいつでも本を置いておけば「本を読みたい」という気分が訪れたときに自然と本を手にとることができます。

「誰かに言われたから」ではなく自分の意思で、本を手に取れるようになるのです。

だからこそ、家の中のあらゆる場所に本を置いてみてください。

家で過ごしているときに本が自然と視界に入ってくる。そんな環境で生活していると、子どもは当然ながら本を意識するようになります。家族が本を読んでいれば、なおさらです。

もちろん、学校など家以外の場所で本に惹かれ、読書を好きになることもあるでしょう。そのチャンスは、もっとも過ごす時間の長い家の環境を本に触れやすいように整えることで、さらに大きく広げることができるのです。

Tips 29

本の置き場所と置き方を工夫する

それでは、具体的にはどのような環境をつくればいいのでしょうか。ポイントは、「本の置き場所」と「置き方」にあります。

まずは、置き場所についてお伝えします。

目と手が届くところにスマホやタブレットがあれば、それがきっかけになって「YouTubeを観たい」という気持ちが湧いてきます。

ということは、子どもに本を読んでほしいなら、同じように目と手が届く場所に本を置いておけばいいのです。

最も効果的なのは、**子どもの滞在時間が長いリビングなどの空間**です。

長い時間を過ごす場所に本があれば必然的に、子どもが本を意識する機会が増えるからです。

続いてのポイントは、置き方です。

子どもの目線の高さに合わせて、すぐに手に取れるように置いてください。

もしも本に興味を持ったとしても、その本が取りづらい状態になっていると手にするのが面倒になってあきらめてしまうこともあります。

そうして貴重なきっかけを失わないためにも、子どもがサッと手に取れるように環境を整えてみてください。

Case Study

子どもが興味を持ちやすい本の置き方を教えてください

いろいろな場所に見えやすく本を置こう

たとえば、リビングに子どもの目線と同じ高さのカウンターがあれば、そこに本を並べておくのもいいでしょう。食事や勉強の後など、ふとしたときに本が視界に入り、子どもが関心を持つきっかけになることがあります。

そのほかにも、本棚や飾り棚はもちろん、廊下やトイレなど、ありとあらゆる場所に本を置いておくことをおすすめします。

置くときには、表紙か背表紙が見えやすいようにしてください。そこから得られる情報をきっかけに、子どもは本を手に取ってみたいと思うようになります。

見えやすいようにディスプレイできる棚などがない場合は、クリアケースに入れて置いておくのもひとつの手。表紙や背表紙が見えやすいうえに、いろいろな場所に手軽に配置できるようになります。

キャスター付きワゴンを本棚代わりにして、家族が過ごす場所に移動させながら使うのもいいですね。

そうすることで本が子どもの視界に入りやすくなり、ちょっとした隙間時間に手に取ったり、食事をしながら本の話をするようになったりするかもしれませんよ。

Tips 30

本棚にいつでも新鮮な本を並べる

家に置く本はもちろん、子どもが「おもしろそう」と思うものが理想的です。

しかし、たとえ保護者であっても、子どものレベルや好みを予想してぴったりな本を選ぶのは至難のわざ。

そこでおすすめしたいのは、**レベルもジャンルも幅広くごちゃまぜな本を置く「アラカルト本棚」をつくる**こと。

絵本のようにサクッと読めるものから小説のように文字数の多いものまで、いろいろと用意してみるのはいかがでしょうか。ファンタジーものや学園もの、動物ものなど、多様なジャンルのものを揃えておけば、子どもの気持ちにヒットするものがあるかもしれません。

可能であれば図書館を活用するなどして、ときどき本のラインナップを変えるとさらに効果的です。

いつでも新鮮な本が用意されていると、子どもはその内容に関心を持つようになり「あの本はなんだろう?」と手に取る可能性も高まっていきます。

もちろん、子どもが関心を持たずにまったく本を手に取らない場合もあります。そんなときに大切なのは、読書を強制しないこと。強制されて読んだ本がつまらなければ、読書嫌いになってしまうこともあります。

焦らず気負わず、「読んでも読まなくてもいい。読まなかったら図書館に返して別の本を借りるだけ」というスタンスで臨むといいでしょう。

Tips 31

読書に集中できる時間と環境を整える

家の中に本を置いたら、次は読書に集中できる時間と環境をつくりましょう。

まずは読むための時間を確保します。**子どもの集中力は長くは続きませんから、はじめのうちは10分ほどでもかまいません。**

読むときの環境を整えることも大切です。スマホやテレビがすぐ近くにあると、気になって集中できないこともあります。**本の世界に入り込みやすいよう、電子機器から離れて読書に没頭できる環境**を用意できるといいでしょう。

時間と環境を整えたら、あとは子どもの意思にまかせます。どの本をどこから読むかは、子どもの気持ち次第。

自分で本を選べないときは、

「ここに5冊ある本の中から、どれか1冊を10分だけ読んでみようか」

「今日はこの本の中から好きなページを見つけてみようか」

といった声かけによって選択肢を示し、自由に読ませてあげてください。

そうすることで子どもは、「自分の意思で読んでいる」と感じられるようになるはずです。

少しずつ読めるようになってきたら、173ページでご紹介したように目標をたててみるのもいいでしょう。

Case Study

子どもがYouTubeばかり見ます。どうすれば読書をするようになりますか

「子どもがYouTubeよりも本を好きになった」と語るご家庭の3つの工夫

ヨンデミーを利用している子どもの中には、「大好きだったYouTubeよりも本を選ぶようになった」という例も。

一体どのような工夫をすれば、そんな変化が起こるのでしょうか。

ポイントは3つあります。

まず1つ目は「本との距離」を工夫すること。こちらは213ページでご紹介した本の置き場所・本の置き方を参考にしてください。

スマホやタブレットよりも近い距離に、いつでも手に取りやすいように本を置い

ておく。たったそれだけで、本に興味を持ちやすくなります。そうした積み重ねによって、読書が生活になじんでいくのです。

２つ目は「自分向けのものを見つけやすくする」工夫をすること。

YouTubeでは、観ている人の好みに合わせて次々に動画がレコメンドされます。

そのため、１つの動画が終わればすぐに「次はこれを観てみたい！」という気持ちがかきたてられるのです。

それなら**本もYouTubeと同じように、「次はこれを読んでみたい！」と思えるものがすぐに目に入るようにすれば**どうでしょうか。

わざわざ探しに行かなくても、おもしろそうなものがすぐ近くで待機している。

そんな環境をつくっておくのです。

好みとレベルに合った本をまずは1冊楽しむことができた。ふと気がつくと、同じように楽しめそうな本が手の届くところに置いてある。

そうした状況になれば子どもは、２冊目、３冊目……と続けて本を読んでみたくなるのではないでしょうか。


そして3つ目は「ハードルを低くする」という工夫です。

流れている映像を見ているだけでいい動画視聴は、読書と比べてとてもラクです。それに対して読書は、自分でやることが多くて大きな負担をともなう作業ですから、YouTubeに手が伸びるのも無理もないでしょう。


そこでやってみてほしいのは、読書の負担を減らしておくこと。そうすればYouTubeとの差は小さくなり、少し挑戦しやすいものになります。

はじめのうちは「ちょっと簡単すぎるかな」と思うくらい、本人にとってはレベルが低い本を選んでみてください。

そうすれば子どもはすんなりと読めるので負担も少なく、楽しさを感じやすくなるはずです。

原則8
まとめ

- 「読書したい」と感じるきっかけを家の中にちりばめれば、本を読むチャンスを逃しにくくなる
- 目と手が届くところに本を置けば、子どもは本を読みやすくなる
- 読書に集中できる環境と、本を読むための時間を確保して、あとは子どもの意思にまかせる

読書を習慣化する仕組みをつくる

Chapter 5
How to Make an Environment That Encourages to Be a Lifelong Reader

「読書習慣を身につける」というと、「毎日欠かさず本を読む」をゴールとしてイメージされることが多いようです。

しかし私は、必ずしも毎日本に目を通さなくてもいいと思っています。

ではここで、読書体験とは何なのかを考えてみましょう。

本に書かれた文字を目で追うその体験だけが、読書体験なのでしょうか。

私はそうではなく、**本にまつわるすべての体験が読書体験**なのだと捉えています。

たとえば旅行には、旅先で過ごす時間のほかにもさまざまな要素が含まれています。旅先を決めることも、その場所に向かうことも、そして帰路につくことも、旅行の一部だといえるのではないでしょうか。

読書体験もまた、本に関連するあらゆるプロセスを含んでいます。

本を読むことはもちろん、読んだ本について考えることも、その感想を誰かに話すことも、そして、本を手に取ることや本を整理すること、本を読むのをやめることでさえも、読書体験の一部なのです。

本にまつわるすべての行動が読書体験になる

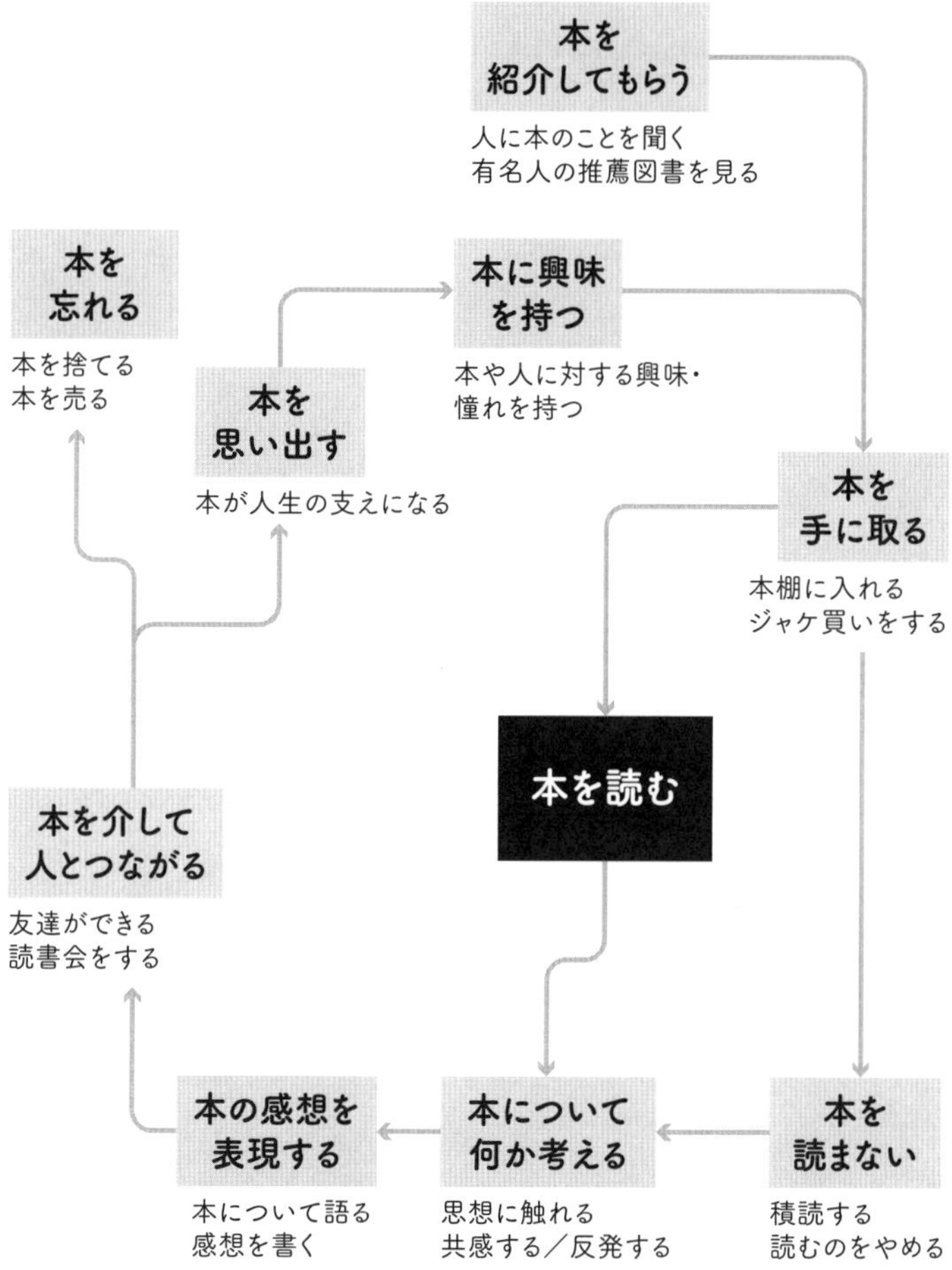

だからこそ、読書をしていない時間を充実させることが子どもの読書体験において重要です。

どれだけ読んだかの冊数や文字数よりも、本について話したり思い出したりした「読書体験」が大事なのです。

たとえば、夕食の時間に本について話すことができたら60分間の読書体験を得ることができます。

本は親子の共通言語となり、心と心の架け橋になってくれます。

本を読んでいる時間以外にも「本って楽しい！」と思える時間をどんどん増やせれば、子どもの読書のモチベーションも高まります。

そして、それは子どもだけでなく家族にとってとても幸せなことではないでしょうか。

Tips 32

読まない読書体験をはじめる

本を読んでいない時間も読書体験だということをお伝えしました。この点に着目し、負担が少ない「読まない読書体験」からはじめてみましょう。

習慣化は、大人にとっても大変難しいものです。

ダイエットや禁煙などに挫折する人が多いのも、習慣化の難しさゆえだといえるでしょう。

習慣が定着するために必要な期間は約1か月だといわれています。この時期を乗り越えれば、習慣化はぐっとスムーズになります。

この1か月のうち、はじめの7日間は反発期といわれ、挫折する人が最も多い期間です。

まずはこの期間が第一関門。最も脱落しやすいこの期間を乗り越えるコツは、**「本を読むこと」にこだわらず、ハードルの低い読書体験で慣らしていく**こと。

たとえば、228ページでもご紹介したように、**夕食の時間に本の話をする**ことからはじめてみてはいかがでしょうか。

読んでいる本について聞いてみるのもいいですし、これまでに読んだことがある本を話題にするのもいいでしょう。幼い頃に読み聞かせをしていた懐かしの本について、一緒に思い出して話してみるのもいいかもしれません。

そうした読書体験をすることがきっと、長く楽しく読書を続けていくことにつながっていくはずです。

まずは、本を手に取って机に向かうだけでもいい。

難しいようなら、読書について会話をするだけでもいい。

そうして7日間を乗り切ることができれば、次のステップの読書習慣を加えていきましょう（もちろん、初日から読書ができる子どもの場合は読書をはじめてもかまいません）。

Tips 33 「〇〇の後に読書する」と決める

たとえ小さなステップであっても、新たなアクションを習慣に組み込むのは難しいものです。

そこでおすすめしたいのが、**すでに定着している習慣を起点にして、「〇〇の後に読書する」と決める**こと。

このときポイントとなるのは、後ろに付け加えるということ。

たとえば「夕食の後に本の話をする」「歯磨きの後に本を読む」というように、すでに定着している習慣とセットにして、後ろに付け加えるようにしてください。

習慣を起点にしない場合は「20時から10分間は本を読む」と決めてリマインダーアプリを設定し、アプリからお知らせがきた後に読むというのもいいでしょう。

そうすることで、「空いた時間ができたら読む」といった曖昧な設定をしたり、「寝る前に読む」というように、すでにある習慣の前にプラスしたりするよりも実践しやすくなるはずです。

できることなら、こうした小さな読書習慣を、普段の生活の中にできるだけたくさん取り入れてみてください。

食事の後や歯磨きの後、入浴の後など、あらゆる習慣の後に読書タイムを付け加えていくといいでしょう。

原則9
まとめ

- 本を読むことに限らず、本にまつわるすべての体験は読書体験
- 習慣が定着するまでに必要な期間は約1か月。特に、はじめの7日間が重要
- はじめの7日間は「本の話をする」などのハードルの低い読書体験をすると決めれば、乗り切りやすくなる
- すでに定着している習慣の後ろに読書をプラスすると実践しやすくなる

本にまつわる会話を楽しむ

Chapter 5
How to Make an Environment
That Encourages to Be a
Lifelong Reader

生活の中に読書のきっかけをちりばめて、本を読むことが習慣になれば、次は読書体験を豊かに広げていく段階です。

読書に紐づく楽しい体験を、どんどん増やしていきましょう。楽しい体験が増えれば増えるほど、さらに読書をしたくなっていくはずです。

ヨンデミーには「私の読書習慣のカギはSNSの読書アカウントにある」と語るメンバーがいます。

読書家揃いのメンバーの中でも特に読書量が多いことで知られる彼は、本を読む時間よりもSNSを通じて本の話をする時間のほうが楽しいといいます。

本を読んで感じたことや考えたことを読書アカウントで共有し、交流を楽しむ。そのプロセスによって、本を読む喜びが倍増するというのです。

彼は、SNSをすることによって読書の時間が減っているそうですが、それでもいいと考えているようです。

「たくさんの本を読みたいと思うなら、SNSをやめたほうがいいのかもしれない。

でも、SNSのおかげで**『本について考えたり話したりする時間』を楽しめる。そういう時間があるほうが、長く楽しく読書を続けていけるはず**」と話してくれました。

読書の習慣化がうまくいっているヨンデミー受講生さんからは、「読書は週に3回だけ」「ミニレッスンに取り組めない日もある」というお声を聞くことがあります。しかし彼らは毎日本を読まなくても、自分のペースでじっくりと読書と向き合いながら成長しています。

では、その成長の要因はいったい何なのでしょうか。

読書教育がうまくいっている多くのご家庭では、「本を思い出すきっかけをつくり、本について話すこと」をしています。ご家族で夕食を囲みながら最近読んだ本の感想を話すことなどが多いようです。

読んだ本について何気ないやりとりをする中で、子どもはさまざまな思いをめぐらせます。

「お母さんはそういうふうに考えたんだな。おもしろいな」

「お父さんの感想は私とはちょっと違う。どうしてなのかな」

「そんな考え方もあるんだな。あの本、もう1回読んでみよう」

「話してみて気がついたけど、私はこの本が好きなのかも」

　このようにして考えを深めることで、子どもの心はぐんぐん成長していくのです。


　小学生の集中力の持続時間は、約20分といわれています。そう考えると子どもにとって、本を1時間読み続けるのは大変なことです。

　しかし、家族とともに過ごす1時間の夕食時に、本について話すのであれば気軽に楽しめるのではないでしょうか。

　そうした機会を積み重ねるうちに、**楽しい気持ちで本を思い出す時間が増えていきます。それがやがて、読書習慣の定着につながっていくのです。**

Tips 34

「読み聞かせ」だけじゃない「考え聞かせ」もおすすめ

文字を読めるようになったら読み聞かせをやめたほうがいいと考える人もいるようです。

しかし読み聞かせは、何歳まででも続けて問題ありません。読み聞かせは読書体験を広げる手段のひとつだからです。

子どもが「読み聞かせをしてほしい」というとき、それは「大人と一緒に過ごしたい」という気持ちのあらわれである可能性があります。

ひとりで読むことにさみしさを感じている子どもでも、大人が読み聞かせをすれば温もりを感じながら楽しむことができます。

また、その本を通して感じたことを話し合い、共有する喜びも堪能することができます。

そうした体験は**読み聞かせを卒業した後も、子どもの読書習慣を精神的に支えてくれる**はずです。

もちろん、読み聞かせをするばかりではなく、ひとりでも本を読む力を身につけることは必要です。

しかし、たとえ自分では読んでいなくても、本から刺激を受けたりその楽しさに触れたりする機会を増やすのは、読書の習慣化においても、そして子どもの成長にとっても望ましいこと。

そうした機会によって子どもは、読書を好きになっていくのです。

また、考え聞かせも、読書体験を広げる手段になります。

「考え聞かせ」では、大人が読み聞かせをしながら実況中継のように、「どんなところに注目しながら読んでいるのか」を伝えます。

伝えるのは、そのとき素直に感じたことだけでＯＫ。

大人ならではの深い考えや、正しい解釈を伝えられなくても問題ありません。「この絵には○○が描いてあるね」といったシンプルな感想だけでも十分です。本の実況中継をするように、見たこと・感じたことを言葉にしてみてください。

もしも間違えたことを言ってしまっても「そうじゃないよ！ ○○って書いてあるよ！」などとツッコミを入れ合って楽しめば盛り上がります。

子どもにとってはそうしたやりとりが、自分の予想やイメージと異なる部分を意識しながら丁寧に読む練習にもなります。

考え聞かせは、読書の先輩である大人がどのように本を読み、考えたり感じたりしているのかに触れる絶好の機会です。

そうした積み重ねによって子どもは、読むというプロセスの楽しみ方を知り、深く考えながら読めるようになっていくはずです。

202ページで紹介した「どくしょかの7つのワザ」もぜひ振り返ってみてください。

Case Study

「ひとりで読むのがさみしい」と言って読書を嫌がります

大人も一緒に読書タイムを楽しもう

ひとりで黙々と本を読む。

それは、読書に慣れていない子どもにとって孤独を感じる作業でもあります。

読み聞かせであれば、読んでくれる大人と一緒に本を楽しむことができます。

しかし自力で読むようになると、子どもは急にひとりになってしまいます。

そのため、**本を読みながら感じた「おもしろい！」「つまらない……」といった気持ちをすぐに誰かと共有することができず、さみしさを抱えることがあるのです。**

そこでおすすめしたいのは、子どもが本を読んだ直後に会話をすること。そうすれば子どもの孤独はやわらぎます。

子どもの読書タイムに合わせて、大人も一緒に好きな本を読むのもいいですね。そうすれば子どもは、大人の存在を感じながら読書ができますから孤独を感じにくくなります。

そうしてともに読書タイムを過ごした後は、本について話す時間をつくるといいでしょう。

子どもが読んだ本について話すのももちろんいいですし、大人が読んだ本の感想を伝えるのも子どもにとっては刺激になります。

たとえ子どもがひとりで読めるようになっていても、ときには読み聞かせを楽しんでみてください。

読み聞かせをしてもらうと温もりを感じることができますし、その経験は精神的な支えにもなってくれます。大人が読み聞かせても、子どもに読み聞かせてもらっても、そして、1ページずつ交互に読み聞かせをしあってみても楽しいですよ。

Tips 35

感想がひとことだけでも否定しない

読んだ本の感想を話し合うことは、子どもの心の成長につながります。

とはいえ、どんな本の感想を聞いてみても「おもしろかった」のひとことになってしまう子どももいます。そんな子どもには、どのようにアプローチすればいいのでしょうか。

まず大切なのは、どんな感想でも否定せずに受け取ること。**感想の内容や長さにかかわらず、子ども自身のリアルな思いとして、そのまま受け取る**のです。

たとえ「おもしろかった」のひとことであっても、それは立派な感想です。

長くて充実した感想を求めることは、難しい本を押しつけるのと同様に読書のハードルを上げてしまいます。

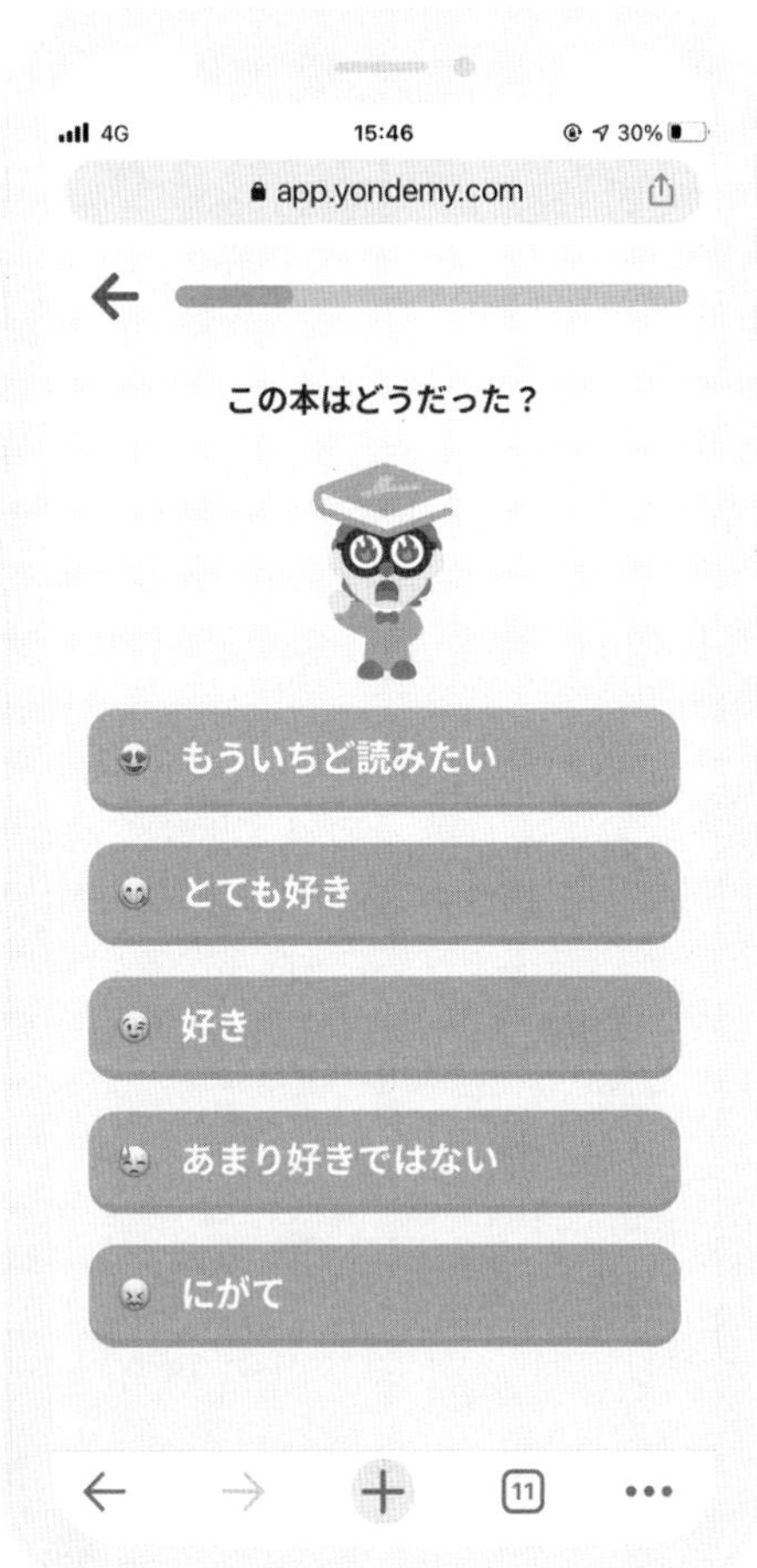

ヨンデミーでは感想は選ぶだけでOK。抵抗感や苦手意識を生まないためには、長くて充実した感想を求めないことも重要です。

その結果、本を読むことへの抵抗感や苦手意識が強くなり、読書を遠ざけることにもなりかねないのです。

ヨンデミーでは、読んだ本の感想を提出できるようになっています。

とはいえ、自分の言葉で感想を綴ることは必須にしておらず、選択肢の中から選べばOK。

たとえば、「この本はどうだった？」という質問に対して、「もういちど読みたい」「とても好き」「好き」「あまり好きではない」「にがて」という5つの答えを用意して、自分の気持ちに近いものを選べるようにしています。

感想を言葉にするのが難しい子どもの場合は、このような選択肢を用意して感想を聞いてみるのもいいかもしれませんね。

Tips 36

感想を聞くときは3つのポイントを意識する

たとえ「おもしろかった」しか感想を言えない子どもでも、うまく言葉にできないだけで、心の内には「おもしろかった」以上の思いを秘めていることが少なくありません。その思いを言葉にさえできれば、本にまつわる会話を楽しみ、読書体験をより充実したものにできる可能性があるのです。

そこで意識してほしいのが「感想を聞くときの3つのポイント」です。

これらのポイントに注意しながら感想を聞くだけで、子どもの感想はより具体的で豊かなものになっていきます。

まず1つ目は、リラックスして会話を楽しむよう心がけること。

「感想を聞き出す」のではなく、「本についての会話を楽しむ」というスタンスで臨むことが大切です。

食事中や入浴中、就寝前など、子どもがリラックスしているタイミングで雑談として本の話題を出してみるといいでしょう。

子どもが「感想を言わなければ……！」と身構えることなく、のびのびと思いを語れるような空気をつくってあげてください。

２つ目は、具体的な質問をすること。

漠然と「どうだった？」と聞かれても、子どもはすぐに詳細な答えを用意することができません。

本の内容を思い出し、読んでいたときに感じたことを言葉にする。そのために子どもはとても大きなエネルギーを必要とするからです。

ですからまずは、「Ｙｅｓ」「Ｎｏ」の二択で答えられる質問をして、**本の内容を思い出す準備をさせてあげてください。**

たとえば、次のようなやりとりを通して少しずつ、準備を整えていくのがおすすめです。

「昨日は『〇〇〇』っていう本を読んでいたよね」

「うん」（その本のことを思い出す）

「『〇〇〇』は、おもしろかった？」

「うん」（本の内容を思い出す）

「好きなキャラクターはいた？」

「うん」（具体的なキャラクターを思い出す）

「どんなキャラクターだったの？」

「それはね……」

このようにして徐々に掘り下げながら記憶を呼び起こしていけば、子どもは答えを出しやすくなります。

５Ｗ１Ｈ（When：いつ、Where：どこで、Who：だれが、What：なにを、Why：なぜ、How：どのように）をたずねる質問で、少しずつ深掘りをしていくといいでしょう。

そして3つ目は、**子どもの体験と絡められるよう工夫した聞き方をする**こと。

たとえば、

「今日の晩ごはんのカレーは『○○○』の本に出てきたものと似ているね」

「先週の家族旅行は『○○○』の物語みたいだったね」

というように、子どもが見たことがあるものや体験したことがある出来事と、本の内容をつなげて問いかけるのです。

深みや広がりがある感想を生みだすためには、本で読んだ内容を自分の体験と紐づけて想像し、思いをめぐらせる必要があります。

そのサポートとなるような具体的な問いかけをしてみてください。

このような聞き方を心がけていると、子どもは本の感想を答えやすくなります。

そのうちきっと、子どもならではの豊かな感性で思いを表現できるようになるはずですよ。

親子の会話が弾む!

質問シート

シーン

好きな／苦手なシーンは?	行ったことがある場所は出てきた?	知っている場所と似ている場所は出てきた?	どこのページに入りこんでみたい?
一番大切なシーンはどこだと思う?	同じようなことが自分の周りで起こったことはある?	お気に入りの絵は?	

登場人物

主人公の好きな／苦手なところは?	自分と似ている／似ていない登場人物は?	友達になってみたい登場人物は?
どのキャラクターになってみたい?	もし自分が主人公だったら、このときどうしてた?	登場人物に1つ聞いてみるとしたら、誰に何を聞く?

ストーリー

これは本当にあったお話かな?	物語の終わり方は好きだった?	このお話に続きがあったら、どうなっていると思う?
表紙のイメージとお話の中身は、似ていた?	読んでみて、タイトルから想像したお話と似ていた?	このお話に自分でタイトルをつけるとしたら、何にする?

Case Study

本の感想を聞いても「おもしろかった」のひとことしかなくて心配です

感想という「結果」ではなく、読みながら「楽しめているか」を重視しよう

子どもが本を読んだ後に感想を聞いてみると、「おもしろかった」「ふつうだった」といったシンプルなものばかりが返ってくる。

そんな状況が続けば、「内容を正しく理解できていないのでは？」「深い考察ができていないのでは？」と気になるかもしれませんね。

しかしそれは、読書の「結果」にこだわっているということ。最も大切なはずの「子ども自身が読むことを楽しんでいる」の優先順位が低くなっている状態です。

読み聞かせを卒業してひとりで本を読むようになると、子どもはその本の内容をすべてひとりで読解しなければならなくなります。

読み聞かせであれば、耳から取り入れた情報を解釈することに集中できますし、大人の声色や表情なども内容を理解するうえでの補助になっていました。

しかし、ひとりで読むようになればそうしたサポートは一切ありません。

急激に負荷が増えているわけですから、間違えても当然。深く考えられていなくても当然なのです。

だからこそ**注目していただきたいのは、本を読んでいるときの子どもが「楽しめているか」**。

楽しめているのなら、どんなふうに楽しんでいたのかという点です。

結果としては「おもしろかった」というひとことの感想しか伝えられなくても、そして、正しい解釈ができていなかったとしても、それだけで子どもの読書の質を判断することはできません。

子どもは、楽しみながら読む過程でたくさんのことを考えていたかもしれませんし、「ああでもない、こうでもない……」と試行錯誤しながら充実した時間を過ごしていたのかもしれません。

読むときの楽しみ方は、人それぞれです。

子どもの読書において重要なのは、必ずしも「正しく読めているか」「深く読めているか」ではないのです。

Tips 37

「ふせん読み」をして感想を聞く

子どもが感想を伝えやすくなり、本にまつわる会話を楽しみやすくするためのテクニックのひとつに、「ふせん読み」があります。

子どもは本を読みながら、印象的な部分や気になった部分にふせんをつけます。読み終えたら、ふせんの箇所について大人が質問をするだけ。

質問の内容は、

「〇〇っていう名前の人、どんな人？」

「この絵のどこがおもしろかったの？」

といったシンプルなもので十分です。

この質問に対する答えは何でもＯＫ。すべてが正解です。「その感想でいいのかな?」と疑わしく思ったとしても、そのまま認めてあげてください。

大人からすれば、「なぜそんなふうに解釈するの?」「どうしてそれがおもしろいの?」と思うこともあるかもしれません。しかし子どもにとってはそれが、自分の人生経験を総動員して導き出した渾身の答えだったりするのですから。

時間が経てば感想が変わることは、大人にもありますよね。成長過程にある子どもならなおさら、その答えは変化していく可能性があります。

ですから**子どもの感想は、どんなものであっても尊重してください。そうした積み重ねが、日々の会話の中でのびのびと感想を言える土台をつくってくれるのです。**

Tips 38

どんな感想も受け止めて共感する

楽しみながら読書を習慣化するためにも、本について子どもと話す時間を大切にしたい。そう考えて本の感想を語り合いたくても、言葉のキャッチボールがうまくいかないことがあります。

子どもの感想が「おもしろかった」「ふつう」「わからない」といったものである場合、大人はキャッチボールを続けにくいためものたりなく思いがちです。

しかし、これも子どもなりの正直な答えであることは間違いありません。

もしかすると、「今は答えたくない」「どうやって答えたらいいのかわからない」と思っているのかもしれません。

なかなか言葉が出なくても、「おもしろかった？　どこがよかった？」と無理やり答えを引き出そうとするのは逆効果。

子どもは「今から話そうと思っていたのに……」と出鼻をくじかれて、話す意欲を失ってしまいます。

大切なのは、焦らずにゆっくりと子どもの言葉を待ち、そのまま受け止めること。

前のめりなリアクションは控えて、子どもの言葉にうなずいたり、その言葉を繰り返したりする程度にとどめておきましょう。

Case Study

子どもの感想に対して、どんな受け答えをすればいいですか

子どもが自信と安心を得られるリアクションとは

本の感想を伝えるやりとりがうまくいかない。その理由のひとつは、子どもがスムーズに感想を言語化できていないから。

その場合は、２４６ページを参考にして聞き方を工夫してみてください。子どもはきっと、具体的な思いを伝えやすくなります。

そしてもうひとつの理由は、大人側にあります。子どもの自信がつくような反応をできていない可能性があるのです。

少しずつ言葉が出てきたらぜひやっていただきたいのは、共感を示すこと。

子どもの感想に対して「そうなんだ！」「それ、わかるな〜！」と言葉をかけてみましょう。

大人の共感があると、子どもは「こう思っていいんだ」「私の考えは間違っていなかったんだ」と安心します。すると次第に、自分の気持ちを大切にできるようになり、自信を持って言葉にできるようになっていきます。

子どもの解釈が少しくらい間違っていても、まずは受け止めて共感することが肝要なのです。

それから、もうひとつおすすめしたいのは「振り返り戦法」。子どもが感想を話してくれたら、それを受けて翌日の話題にするというものです。

「そういえば昨日、あの本が○○だったって教えてくれたよね。私も読んでみたんだけど……」

「昨日、あの本の主人公が○○だって話していたけど、私は△△だと思ったよ」

というように、前日に子どもが伝えてくれた感想を受け止め、それに対する感想をあわせて伝えてみてください。

子どもは、感想を受け止めてもらえた安心感とともに、新たな視点を得ることができます。

ただし、こうして「振り返り戦法」を実践したところで、そっけなく流されることもあります。

子どもにもタイミングがありますし、大人の言葉をうまく受け止められないこともあります。そんなときはすぐに返事を求めずに、別の日に再度「振り返り戦法」

を試してみるといいでしょう。

自分の感想を否定せずに受け止め、興味を持ってもらえるのはうれしいものです。そうした経験が自信にもつながり、「もっと読みたい！　話したい！」という気持ちを育んでいくはずです。

原則10
まとめ

- 本について考えたり話したりする時間が、読書の継続の後押しをしてくれる
- 読み聞かせや考え聞かせをすれば、読書体験の幅が広がる
- 「正しく読めているか」よりも「楽しく読めているか」が重要
- 大人が聞き方を工夫すれば、子どもは感想を伝えやすくなる

図書館や本屋さんに出かける

Chapter 5
How to Make an Environment That Encourages to Be a Lifelong Reader

読書習慣が身についてきたと思っていたのに、次第に飽きて本を読まなくなってしまった。

興味を持ちそうな本を家の中に揃えているのに、気分が乗らないようでページをめくろうとしない。

そんな停滞期にある子どもにも、読書に関心がない子どもにも、そしてもちろん、読書が大好きな子どもにもぜひおすすめしたいのが、図書館や本屋さんに行くことです。

図書館や本屋さんは、自宅とも学校とも違う刺激をたくさん受けることができ、読書への意欲をかきたててくれる場所です。

たくさんの本棚が置かれていて、そこにはありとあらゆる種類の本がぎっしりと詰めこまれています。

どの方向を見ても大量の本が目に入ってくる。そんな環境に身を置けば、子どもは自然と好奇心をくすぐられます。

ときには、大きな図書館や本屋さんに足を運んでみるのもおすすめです。

ある子どもは、普段は行くことがない大型図書館を訪れたとき「宝の山だ……！」と目をキラキラさせていたそうです。

子どもの想像を超えて種類豊富な本がひしめく大型図書館は、まさに宝の山。

そこで感じたワクワクした気持ちはきっと、「本を読みたい」という気持ちを再燃させてくれるはずです。

Tips 39

どんどん借りてトライ&エラーを繰り返す

図書館の大きな魅力は、本選びのトライ&エラーをいくらでも繰り返せるということ。

たくさん借りて、まずは少しずつ読んでみる。つまらなかったら途中でやめて、返却すればそれでいい。

そんなふうに気軽な気持ちで本に触れてみてください。

読書の魅力に目覚めていない子どもの場合、10冊の本を借りてみたところで心に響く本は1冊見つかるかどうか。ですから慎重になりすぎず、どんどん借りてみればいいのです。

図書館では、本にまつわるイベントを開催していることもあります。そうしたイベントに参加すれば、これまでにない視点で読書の楽しさを知ることができるかもしれません。

司書さんのレファレンスサービスを活用してみるのもおすすめです。

そうして**幅広い本に触れるうちに、「こんなジャンルの本もおもしろそう」「これくらい長い本も読んでみたい」といった気持ちが芽生えることもあります。**

たくさんの蔵書の中から気負いなく選んで読める図書館だからこそ、好奇心の芽が出て世界が広げられることがあるのです。

Tips 40

好きな本を買いに行く「本の日」をご褒美にする

本屋さんで好きな本を買うことをご褒美にするのもいいですね。

たとえば「〇〇の目標を達成できたら、本屋さんで好きな本を買っていい」と決めて、ご褒美として本を買うのはいかがでしょうか。

このときのルールは、**「子どもが選んだ本には口を出さない」**ということ。

子どもが選んできたのがたとえマンガでも絵本でも、すでに持っている本と似ていたとしても、大人の意見を一切挟まずに必ず購入するのです。

そうすることで、子どもは「選んだ本を絶対に買ってもらえる」と楽しみに思うようになります。子どもにとって特別な機会になるのです。

月に一度くらい「本の日」を設定しておき、その日に本屋さんに行くのもおすすめです。家族そろって本屋さんに行き、それぞれが好きな本を選んで買うのも楽しそうですね。

そうした経験を家族で積み重ねていくうちに、大人と子どもが対等な読書仲間になることができます。「大人に言われたから子どもが読む」のではなく、「大人も子どもも対等に読書を楽しむ」ことができるようになるのです。

図書館や本屋さんのほかにも、本が置いてあるカフェやブックホテルなど、本を楽しめる場所はたくさんあります。

そうした場所にお出かけをすると、楽しい記憶と読書が結びつきやすくなります。本を持ってピクニックや旅行に出かけるのもいいでしょう。

そうやって少しずつ、楽しい読書経験を増やしていくのです。

たとえ本が苦手な子どもでも、気持ちのいい木陰でページをめくってみると、新鮮な気持ちで本の世界に入っていけるかもしれません。読書をしたあとにカフェで過ごした時間に満足すれば、その満足感が読書と結びついてポジティブな印象を持てるかもしれません。

楽しい思い出と読書をつなげていくことで、子どもはさらに読書が好きになっていきます。お出かけも読書そのものも、そして読んだ後の会話も、すべてが楽しい。そんな状態になれば、子どもは本に好印象を抱き、自ら読書をするようになっていくはずです。

そうなってしまえば、大人によるサポートはもう必要ありません。

楽しいから読む。読むともっと楽しくなる。だからこそ、また読む。

子どもの人生の中で繰り返し、そんな連鎖が生まれるようになるのです。

原則11
まとめ

- 図書館や本屋さんは子どもの好奇心を刺激してくれる場所
- 楽しい思い出と本をつなげていくと、ますます読書が好きになれる

おわりに

読書にハマった小学3年生の頃、休み時間のたびに私は、友人とともに学校の図書室に足を運んでいました。

読書好きなその友人とは、「**この本、もう読んだ?**」「**あの本、おもしろそうだよね。ぼくが先に読んじゃおう!**」などと言い合いながら、競い合うように本を読んだものです。

図書室の棚に並ぶ本を片っ端から、休み時間に借りては授業中にこっそり読む。そんなふうにして1日1~2冊のペースで本を読む日々が続きました。

なぜ、そこまで読書に夢中になれたのかというと、とにかく楽しかったから。

お気に入りの1冊に出会ってからというもの（私の場合は『北極のムーシカミーシカ』でした）、本を読んでいる時間はもちろん、本を探す時間も、本について語り合う時間も、そのすべてが楽しくて仕方ありませんでした。

楽しくて楽しくて、読書が大好きだったのです。


子どもたちに、読書を好きになってほしい――。

それが、ヨンデミーを運営する私たちの何よりの願いです。


たとえ正しく読めなくてもいい。

文字を読まずにただ眺めているだけでも、本を手に取るだけでもかまわない。

本とともに過ごす時間を、とにかく「楽しい」と感じて好きでいてくれたなら、それでいいと思っています。

やっていて「楽しい」と感じる大好きなことは、誰に何と言われようと続けたくなるもの。

そうして少しずつでも続けていると、無理なく力がつき、自然とステップアップしていけるものだからです。

そうは言っても、なかなかステップアップができない子どもの様子を目の当たりにすると、焦りを感じることもあるかもしれません。

しかし、焦って過度なアプローチをすることには大きなリスクがともないます。子どもの内側にある、何よりも大切な「楽しい」気持ちが削がれる危険性があるのです。

本書では、40ものTipsをご紹介しました。

当然ながら、これらのTipsのすべてを実践する必要はありません。

子どもが「楽しい」と感じられることを最優先にして、その時々で役立つと思われるものを柔軟に試してみてください。

楽しめていれば、それでいい。本を好きになれたら、それでいい。

そんなゆるやかな気持ちで子どもと、そして本とともに、幸せな時間を過ごしていただけるのが一番だと思っています。

必要なときに必要な本を選び、必要なだけ読めるようになる。

読書が子どもの人生を支える一生涯の武器になる。

それが、読書教育が目指すゴールです。

子どものうちに読書習慣を身につけることで、ここぞというときに本に頼れるようになれば、これほど心強いことはありません。人生がより豊かで味わい深いものになることは、間違いないでしょう。

忙しくなったり他に好きなことを見つけたりすると、一度は習慣化した読書から離れてしまうこともあるかもしれません。

私自身も、中学生頃から大学入学頃までの数年間は、あれほど好きだった読書から遠のいていました。

しかし、**小学生時代に積み重ねた読書経験と、本への信頼は決して消えることはありませんでした。**大学生になり、起業してヨンデミーを立ち上げようと考えた私は、再び猛烈に本を読むようになりました。

そうして読んだ数えきれないほどの本のおかげで、今の私があり、ヨンデミーがあるのです。

「オンラインの読書教育」という前例のないサービスを実現するにあたって、私はメンバーとともにたくさんの本を読んで学んできました。

『イン・ザ・ミドル　ナンシー・アトウェルの教室』は、私たちにとってなくてはならない1冊です。私に読書教育をしてくださった恩師・澤田英輔氏が翻訳に携わったこの本は、ヨンデミーの原点ともいえるでしょう。

そのほかにも、『読む力は生きる力』『読書の発達心理学』『ペナック先生の愉快な読書法　読者の権利10ヶ条』『読む力はこうしてつける』『読む文化をハックする』『子どもの誇りに灯をともす』など、数多くの本が私たちに気づきを与えてくれました。

そして私たちは今も、ヨンデミーのサービスをさらに充実させるべく本を読み続け、学びを続けています。読書によって培われた思考力や想像力もまた、私たちを支えてくれています。**本という存在がいつでも私たちに寄り添い、力強く伴走してくれているの**を感じています。

本を読む力は、夢を実現させる力につながりました。この力はこれからも、私たちの可能性を大きく広げてくれると信じています。

子どもたちにはぜひ、一生役立つこの力を身につけて人生をさらに幸せなものにしてほしい。本書がそのための一助になることを心から願っています。

東大発！1万人の子どもが変わった
ハマるおうち読書

発行日　2024年5月24日　第1刷
　　　　2024年7月17日　第5刷

Author　笹沼颯太
Writer　谷和美
Illustrator　丹地陽子
Book Designer　(カバー)井上新八　(本文)トモエキコウ 荒井雅美

Publication　株式会社ディスカヴァー・トゥエンティワン
〒102-0093　東京都千代田区平河町2-16-1 平河町森タワー11F
TEL　03-3237-8321(代表) 03-3237-8345(営業)
FAX　03-3237-8323
https://d21.co.jp/

Publisher　谷口奈緒美
Editor　星野悠果

Sales & Marketing Company
飯田智樹　庄司知世　蛯原昇　杉田彰子　古矢薫　佐藤昌幸　青木翔平　阿知波淳平
磯部隆　井筒浩　大﨑双葉　近江花渚　小田木もも　佐藤淳基　仙田彩歌　副島杏南
滝口景太郎　田山礼真　廣内悠理　松ノ下直輝　三輪真也　八木眸　山田諭志
古川菜津子　鈴木雄大　高原未来子　藤井多穂子　厚見アレックス太郎　伊藤香
伊藤由美　金野美穂　鈴木洋子　松浦麻恵

Product Management Company
大山聡子　大竹朝子　藤田浩芳　三谷祐一　千葉正幸　伊東佑真　榎本明日香
大田原恵美　小石亜季　野村美空　橋本莉奈　原典宏　牧野類　村尾純司
安永姫菜　浅野目七重　神日登美　波塚みなみ　林佳菜

Digital Solution & Production Company
大星多聞　小野航平　中島俊平　馮東平　森谷真一　青木涼馬　宇賀神実　舘瑞恵
津野主揮　西川なつか　野﨑竜海　野中保奈美　林秀樹　林秀規　元木優子
斎藤悠人　福田章平　小山怜那　千葉潤子　藤井かおり　町田加奈子

Headquarters
川島理　小関勝則　田中亜紀　山中麻吏　井上竜之介　奥田千晶　北野風生
徳間凜太郎　中西花　福永友紀　俵敬子　宮下祥子　池田望　石橋佐知子　丸山香織

Proofreader　株式会社鷗来堂
DTP　有限会社一企画
Printing　日経印刷株式会社

ISBN978-4-7993-3021-0
HAMARU OUCHI DOKUSHO by Sota Sasanuma